D1667641

Arbeit, f., labor,
ein uraltes, viel merkwürdige seiten darbietendes wort.
(Deutsches Wörterbuch von Jacob und Wilhelm Grimm)

Sonderzahl

Mallingers Abschied

Sven Hartberger

Sonderzahl

Diese Publikation wurde gefördert von der Kulturabteilung der Stadt Wien, MA 7, Abteilung Literatur.

www.sonderzahl.at

© 2023 Sonderzahl Verlagsges.m.b.H., Wien
Gesetzt aus der Soleil und der DTL Documenta von Matthias Schmidt
Druck: booksfactory
ISBN: 978 3 85449 645 8

Inhalt

Anamnese

In welcher festgestellt wird, dass die Arbeit zur alles beherrschenden Macht unseres Lebens geworden ist, und die Befriedigung unserer natürlichsten Sehnsüchte als störende Ablenkung gilt.

Wenn ich etwas gelernt habe in den bald dreißig Jahren, in denen ich als Therapeut mit meinen Klienten nach den Ursachen der unterschiedlichsten Störungen und Erkrankungen der Seele suche, dann ist es das: Man findet immer nur dort, wo man sucht und zudem auch immer nur genau das, was man gesucht hat. Das andere bleibt unserem Blick verborgen, selbst dann, wenn es zum Greifen nahe vor Augen steht. Theoretisch mag unserem Sehen, Erkennen und Verstehen ja keine Schranke gesetzt sein. Tatsächlich bleibt es aber eingeschlossen in die engen Grenzen gerade jenes mit großer Mühe Erlernten, das uns den Ausgang aus der Unmündigkeit eröffnen sollte, egal ob aus selbstverschuldeter oder nicht.

Meist ist es wohl nicht zuvorderst der Wunsch, einen solchen Ausgang zu finden, der die Menschen in meine therapeutische Praxis führt. Eher suchen sie Befreiung von einem Leiden, das sie unbestimmt in sich fühlen, das sie oft nicht recht zu beschreiben, und dessen Ursachen sie nicht zu benennen wissen. Es ist meine Aufgabe, meine Klienten bei der Suche nach den verborgenen Quellen ihrer Seelenschmerzen zu begleiten und sie nach Kräften an die Orte ihres Ursprungs zu führen, die niemand kennen kann, als nur sie selbst. Fast zwanzig Jahre lang bin ich bei diesem Bemühen dem Weg gefolgt, den mir die Lehrbücher gewiesen haben. Ich habe Zugänge zu oft Jahrzehnte zurückliegenden traumatischen Erfahrungen der Kindheit aufgespürt, verbotene und versagte Wünsche der Jugendzeit wachgerufen, das hartnäckigen Widerstand leistende Bewusstsein zum Blick auf verdrängte und verleugnete Schuld aus lange vergangenen Lebenszusammenhängen gezwungen, uneingestandenen und unausgesprochenen sexuellen Fantasien ins befreiende Wort geholfen. Überall haben wir gewühlt und geforscht. Nur dort, wo wir doch waren, und wo wir die meiste Zeit unseres Lebens sind, dort, wo sich der wesentliche Teil unseres Denkens im Wachen und oft genug auch noch im Schlaf ereignet und bewegt, dort haben wir nicht oder jedenfalls nicht sehr intensiv nachgesehen: bei der Arbeit. Bei der Arbeit, die unsere Tage regiert und nicht selten auch unsere Nächte. Dabei frage ich mich ernsthaft, ob die sehr besondere Art, in der die Arbeit im Gefühlshaushalt der meisten Menschen in den Gesellschaften des globalisierten Nordens verankert ist, überhaupt noch als rational bezeichnet werden kann. Ich habe da erhebliche Zweifel. Mein düsterer Verdacht ist, dass die Arbeit unser Denken, Fühlen und Handeln in einer Art beherrscht, die deutliche Zeichen von Besessenheit trägt. Damit meine ich nicht das schichtspezifische Randphänomen der *workaholics*, jener anerkanntermaßen krankhaft Arbeitssüchtigen, in deren Leben kaum mehr anderes Platz hat als der Beruf. Ich beobachte diese Fixierung auf die Arbeit, dieses ständige Kreisen der Gedanken um Wettbewerb und Performance, dieses Eindringen leistungsorientierter Denkweisen in die letzten Winkel von Freizeit und Privatheit als ein weit verbreitetes Phänomen im seelischen Haushalt der verschiedensten Menschen. Und ich bin es nicht nur müde geworden, ich meine vielmehr, dass ich es gar nicht länger verantworten kann, wenn ich meine Hand zur Ruhigstellung von seelischen Alarmsignalen reichen soll, in denen ich nichts anderes erblicke als die grundvernünftige Weigerung von Leib und Seele, in Verhältnissen zu funktionieren, die dem Leben nicht zuträglich sind. Immer weniger bin ich bereit, solche Verweigerungen als Störung oder gar als Erkrankung zu sehen, und immer deutlicher erkenne ich sie als Umkehr ins Eigentliche, ins Lebenswesentliche, als jene von heftigen, aber in Wahrheit harmlosen Fieberschüben begleitete höchst notwendige Krisis, die ein als Krankheit missdeutetes Zeichen der beginnenden Gesundung ist.

Wie oft Menschen im Verlauf von vierundzwanzig Stunden an Sex denken, ist eine in breit angelegten Forschungsprojekten intensiv erforschte Frage. Die bekannteste dieser Untersuchungen, die an der Ohio State University durchgeführt worden ist, hat hervorgebracht, dass die einhundertvierzig befragten Männer zwischen einem und dreihundertachtundachtzigmal am Tag an Sex denken, genauer gesagt: dass sie auf Befragen derlei wenig glaubwürdige Angaben machten. Die Forscher haben aus dem solcherart gewonnenen Datenmaterial das arithmetische Mittel gezogen und sind so zu dem Schluss gelangt, dass ein Mann durchschnittlich vierunddreißig Mal am Tag an Sex denkt. Das ist Unfug, weil die einzig zulässige, aber vergleichsweise natürlich unspektakuläre Schlussfolgerung aus den erhobenen Umfrageergebnissen die Binsenweisheit ist, dass verschiedene Menschen in unterschiedlichen Lebenssituationen nicht gleich häufig an Sex denken. Auf die Frage, wie oft *ein Mann* pro Tag an Sex denkt, kann es eine sinnvolle Antwort nicht geben, weil die Frage selbst sinnlos ist. Interessant ist sie aber dennoch, nicht wegen der bizarren Ergebnisse, zu denen ihre Erforschung notwendig führen muss, aber umso mehr, weil sie stillschweigend vorausgesetzte Übereinkünfte sichtbar macht, die das allgemeine Interesse mit so großer Selbstverständlichkeit auf die Gewalt lenken, die das geschlechtliche Begehren über unser Denken hat, und die gleichzeitig bewirken, dass wir dem bedeutend problematischeren und wahrscheinlich viel größerem Ausmaß, in dem das für die Arbeit zutrifft, wenig Beachtung schenken.

Ich habe die Frage, wie das wohl kommt, vielen Freunden und Fachkolleginnen gestellt und eine breite Palette von Antworten geerntet. Die meisten davon sind darauf hinausgelaufen, dass sich für Sex eben alle Menschen interessieren, für Arbeit aber kaum jemand. Diese naheliegende Vermutung kann einer etwas tiefergreifenden Nachschau kaum standhalten. Das kann ich mit gutem Grund behaupten, weil ich als Psychotherapeut über intime Einblicke in ein breites Spektrum sehr unterschiedlicher Lebenswirklichkeiten verfüge, und weil das die Tonaufnahmen deutlich belegen, die ich über zwei Jahrzehnte hinweg von allen Therapiesitzungen in meiner Praxis angefertigt habe. Ich habe diese Form der Protokollierung gewählt, weil sie mir eine seriöse Nachkontrolle meiner Wahrnehmungen während der Sitzungen erlaubt. Oft ist es im Verlauf eines Therapiegesprächs gar nicht möglich, in wenigen Sekunden die notwendige Unterscheidung zwischen Wesentlichem und Unwesentlichem zu treffen, und leicht kann es geschehen, dass eine entscheidende Nuance im Tonfall überhört wird oder eine am Anfang der Sitzung nur beiläufig aufgefasste Mitteilung später aus dem Gedächtnis ungenau rekonstruiert werden muss, wenn sich ihre besondere Bedeutung gegen Ende des Gesprächs herauskristallisiert hat.

Selbstkontrolle und die bestmögliche Betreuung meiner Klienten sind immer die bestimmenden Motive meiner Entscheidung für die Tonaufzeichnung aller Sitzungen geblieben, wenngleich es wahr ist, dass zu dieser ursprünglichen Absicht schon bald auch ein persönliches Forscherinteresse getreten ist, das meinen Therapieansatz verändert und den Fokus meiner genaueren Nachfragen verlagert hat. Geweckt wurde dieses Interesse aber eben erst durch meine zunächst vollkommen unbefangene, aufmerksame Arbeit mit den akustischen Protokollen der Therapiesitzungen, die mich bald zu einer für mich überraschenden Einsicht geführt hat: Das allgemeine Forschungsinteresse an unserem sexuellem Begehren und an der Häufigkeit, mit welchem es in Form von Gedanken und Fantasien in unsere ganz anders gelagerten tatsächlichen Betätigungen einbricht, entzündet sich an der Tatsache, dass dieses Begehren als Störung empfunden wird, als Ablenkung vom Geschuldeten, als Verfehlung unserer eigentlichen Bestimmung. Es ist ganz offenkundig, dass diese einem mittlerweile unbewusst und tief verinnerlichten Konsens zufolge ausschließlich in der konzentrierten Erledigung unserer Arbeit zu finden ist. Untersuchungen der umgekehrten Frage, nämlich jener, wie häufig der Gedanke an die Arbeit in ganz anders geartete und wesentlich lohnendere Beschäftigungen eindringt, in die konzentrierte Lektüre eines Buches, in das hingebungsvolle Hören von Musik oder eben in das intime und weltvergessene Einswerden mit einem geliebten Menschen fehlen aus einem leicht zu verstehenden Grund: In dem zuerst ganz gezielt in Gang gesetzten und dann über zwei Jahrhunderte hinweg zum Selbstläufer gewordenen Prozess der Ökonomisierung so gut wie aller Lebensbereiche, auch und besonders solcher, die mit Wirtschaft rein gar nichts zu tun haben, sind wir an einem Punkt angelangt, an dem wir das Vorrecht von Ökonomie und Arbeit vor jeder anderen Lebensregung fraglos und ohne weitere Überlegung akzeptieren. Gedanken an Pflichterfüllung und Arbeit als störende Verirrung wahrzunehmen, verlangt deshalb eine geistige und seelische Anstrengung, die kaum geleistet werden kann, weil ihr übermächtige Tabus entgegenstehen. Die Arbeit ist sakrosankt geworden, und die mit Geld entlohnte Erwerbsarbeit zumal. Ihre zentrale Bedeutung für ein geglücktes Leben auch nur andeutungsweise im Wort oder gar durch die Tat in Frage zu stellen, ist ein massiver Tabubruch, der gesellschaftlich schwer sanktioniert wird. Zu seinen sexuellen Leidenschaften mag sich heute jeder offen und sogar mit Stolz bekennen, aber gegen das angebliche Recht auf Arbeit ein zumindest ebenso gegründetes Recht auf Faulheit geltend zu machen, gilt als Skandal, ebenso sehr, wenn nicht mehr noch als damals im Jahr 1880, als es Paul Lafargue erstmals in seiner berühmten Streitschrift eingefordert hat. Dabei ist es zu einem guten Teil unsere Arbeit, die uns und unseren Planeten krank macht, oder, genauer gesagt, die Frequenz und die Intensität, mit der wir arbeiten; die der sozialen Natur des Menschen widerstrebenden Bedingungen des Wettbewerbs; und nicht zuletzt das unbestimmte, aber unabweisliche Wissen um die immer häufiger werdende Schädlichkeit vieler ihrer Produkte.

Ich habe mir nie Illusionen darüber gemacht, dass es sich bei diesen meinen Feststellungen, die mehr und mehr zum Angelpunkt meiner therapeutischen Nachschau geworden sind, um nichts anderes handelt als um eine Hypothese. Aber erstens sind auch die scheinbaren Gewissheiten der gängigen Therapieansätze in Wahrheit nichts weiter als Hypothesen, zum Zweiten aber, und das scheint mir das eigentlich Entscheidende, bin ich bei der sanften Hinlenkung meiner Klienten auf Fragen ihres Erwerbslebens und ihrer Beziehung zur Arbeit, nicht nur mit Blick auf ihre konkreten Berufe, sondern in einem ganz grundsätzlichen Sinn, davon überzeugt, dass meine vorsichtige Leitung und Führung vielen von ihnen den Pfad zur Erkenntnis wichtiger Ursachen ihrer Leiden gewiesen und geebnet hat. Im Grunde verweigere ich mich einfach der Zumutung, Menschen funktionstüchtig zu machen für Lebenserfordernisse, die mir mehr und mehr lebensfeindlich scheinen. Nicht länger will ich einen Beitrag dazu leisten, meine Klienten in ihrem Irrtum zu bestärken, ihr natürlichstes und menschlichstes Verlangen, das Verlangen nach Ruhe, Nichtstun und Bedürfnislosigkeit, wäre eine krankhafte Verfehlung, die mit therapeutischen Mitteln korrigiert werden müsste. Wer diesem Irrtum verhaftet bleibt und seine Nachschau in diesem Sinne hält, in den Bereichen der Sexualität, frühkindlicher Traumata oder der vielfältigen Irritationen und Leiden der frühen Jugendjahre, kann sich dabei bestimmt immer auf die Wegweisungen der Wissenschaft berufen und wird wohl gar nicht bemerken, dass gerade unser moderner Wissenschaftsbetrieb durch die Wahl seiner Forschungsgegenstände und seiner Fragestellungen in vielen Bereichen stillschweigend die bestehenden Verhältnisse, und auch die ungerechtesten unter ihnen, rechtfertigt und verfestigt. Wenn ich demgegenüber in meiner eigenen Umschau das Vorrecht des Naheliegenden gegen das Entfernte, die prägende Bedeutung gegenwärtiger tatsächlicher Bedrängnis gegen die ohnedies immer fragwürdig bleibende Erinnerung an lange Vergangenes behaupte, so tue ich das in erster

Linie deshalb, weil ich sehe, dass dieser Ansatz dem Leben nützt und meinen Klienten dient.

Seit bald dreißig Jahren befasse ich mich jetzt also mit den Auswirkungen, die die grundsätzliche Einstellung zur Arbeit und ihr tatsächlicher Vollzug auf den seelischen Haushalt der Menschen haben. Bei meinen Untersuchungen habe ich mich dieser besonderen menschlichen Tätigkeit auf jede mir denkbare Weise genähert. Zunächst habe ich mich mit dem von vielen Glaubensvorstellungen und Ideologien befrachteten Begriff auseinandergesetzt. Dabei bin ich zu der Einsicht gekommen, dass es sehr verschiedene Arten von Arbeit gibt, so verschieden, dass man die einen eher als Formen der Triebbefriedigung, zumeist hoch bezahlt, die anderen eher als meist kaum entlohnte Fron bezeichnen möchte. Im nächsten Schritt habe ich mich dann den Überzeugungen und Haltungen zugewandt, mit denen sich Menschen dem Phänomen Arbeit nähern. Als Auskunftspersonen haben mir dabei zunächst fast ausschließlich meine Klienten gedient. Später habe ich dann begonnen, auch Personen aus dem Kreis meiner Freunde und Bekannten in Gespräche über die Arbeit zu verwickeln, sie zu provozieren und sie geradezu auszuhorchen. Vielen meiner Probanden – Klienten, Freunden, Bekannten und Kolleginnen – bin ich dabei wiederholt an Orte gefolgt, die von ihnen als geschützte Räume erlebt werden, wo sie sich unter Freunden und Gleichgesinnten wissen und ohne jeden Vorbehalt sprechen, gewissermaßen wie in einer Therapiesitzung. Meine Hoffnung, dass sie an diesen Orten auch ihre krudesten Ansichten zu meinem Thema, zur Frage nach der Bedeutung der Arbeit für unser seelisches Wohlergehen, unbefangen und ohne Verstellung äußern würden, habe ich regelmäßig bestätigt gefunden.

Ein gutes Jahrzehnt habe ich auf die Sichtung und die Ordnung des von mir gesammelten und zu gewaltiger Menge angewachsenen Materials gewandt. Dabei habe ich bemerkt, dass im Lauf der vergangenen dreißig Jahre immer mehr Menschen begonnen haben, an ihrer Arbeit zu leiden, und dass auch die Intensität dieses Leidens immer heftiger zu werden schien. Die Gründe dafür habe ich lange Zeit nicht verstehen können, gerade so wenig, wie ich sehen konnte, warum so viel und immer noch mehr gearbeitet werden muss und gearbeitet wird, obwohl wahrscheinlich annähernd die Hälfte aller Arbeit, die Menschen heute leisten, vollkommen unnötig und ein gar nicht geringer Teil davon sogar schädlich ist. Es mag sich darüber jeder selbst ein Bild machen. Wie ich zu dem meinen gekommen bin, wird aus der kleinen Sammlung von Selbstzeugnissen und Mitteilungen meiner Klientinnen und Klienten deutlich werden, die im Mittelpunkt des kleinen Kompendiums stehen, das ich hier vorlege. Augen und Ohren geöffnet für die allgemeinere Bedeutung des individuellen Erlebens meiner Klienten hat mir aber erst der Doktor Mallinger, mein Freund seit Jugendtagen, den wir schon am Gymnasium nie anders als nur den Doktor genannt haben. Seine Suaden über die Ziellosigkeit und die Sinnleere der gängigen Vorstellungen von Leistung und Arbeit haben mit den Jahren einen leicht obsessiven Charakter angenommen. Sein klarer und kritischer Blick hat darunter aber nicht gelitten, und seine Expertise in Fragen der Wirtschaft und der Arbeitswelt, über die er als studierter Ökonom und als langgedienter Personalchef verfügt, sind mir eine wesentliche Hilfe für die Einordnung der Erzählungen meiner Klienten in den größeren Zusammenhang der Lebensbedingungen geworden, unter denen wir alle funktionieren. Warum die von ihm so sehr gewünschte Große Transformation, die umfassende Erneuerung unserer in die Irre gegangenen Kultur, so schnell nicht gelingen wird, hat mir Nikos Manikas deutlich gemacht. Als Intendant eines der großen europäischen Avantgardefestivals ist er ein gleichermaßen unermüdlicher wie skeptischer Kämpfer für den Fortschritt. Beide sind mir zweifelnde Gefährten auf meinem Weg und Mutmacher in meinen eigenen Zweifeln gewesen.

Dass ich die Namen und Identitäten meiner Klienten in nicht

entschlüsselbarer Weise verändert habe, versteht sich ohne weiteres. Das mir Anvertraute habe ich weitestgehend von allzu Persönlichem und von den Bekenntnissen tatsächlicher oder eingebildeter Schuld gereinigt. Getilgt habe ich auch alle Hinweise auf die konkreten mentalen Probleme, die meine Klienten zu mir geführt haben, weil es für mein Thema nur auf die Schilderungen der als ungerecht, bedrohlich, bedrückend oder unsinnig empfundenen Umstände des Arbeitslebens ankommt. Das Material habe ich geordnet und, da und dort, wo es mir zur besseren Verständlichkeit notwendig schien, wohl auch etwas geglättet, ohne jedoch am Sinn des Gesagten etwas zu verändern. Manche der folgenden Einlassungen sind vollkommen so geschehen, wie sie hier wiedergegeben werden, andere wiederum, die wie durchgängige, in sich geschlossene Erzählungen erscheinen mögen, sind von mir montiert worden aus dem Material mehrerer Sitzungen, um in der kompakten Zusammenschau jenes schlüssige und nachvollziehbare Bild zu geben, wie es sich dem Therapeuten nur allmählich zeigt, und wie es erst beim Abschluss der gemeinsamen Arbeit mit dem Klienten vollkommen sichtbar wird.

Es ist nun vier Jahre her, dass ich meine Praxis aufgegeben und für immer geschlossen habe. Und so, wie im Kleinen des Einzelfalls das ganze Bild erst am Ende einer langen Serie therapeutischer Sitzungen erkennbar wird, so zeigt sich mir auch im großen Ganzen erst jetzt, an welcher Stelle ich die Ursachen der Leiden an der Arbeit hätte suchen sollen, die mir heute nur noch als ein vergleichsweise harmloses Symptom erscheinen, als Hinweis auf eine Fehlentwicklung des gesamten Organismus, die sich an der im Grunde nur scheinbaren Erosion der Arbeitsfreude und des Arbeitswillens zeigt.

Meine intensive Beschäftigung mit dem durchaus ambivalenten Charakter unserer rastlosen Erwerbstätigkeit sehe ich heute als einen vielleicht überlangen Weg, auf dem ich aber schließlich doch noch gelernt habe, die richtigen Fragen zu stellen, anstatt hinter möglichen Antworten auf die falschen herzujagen. Gerade in der Arbeitsgesellschaft, in der wir nun einmal leben, bleibt es wichtig, das bestimmende Element unseres Daseins ins Blickfeld zu rücken und zu einer angemessenen Kritik jener Arbeit beizutragen, die zum Verhängnis für Menschen und Planeten jeder Kritik überhoben scheint. Die Öffnung eines nüchternen und offenen Blicks auf den Schaden, den Arbeit unter dem Diktat unserer ziellosen und in weiten Bereichen vollkommen außer Rand und Band geratenen Wirtschaftsaktivitäten neben ihrem unbestrittenen Nutzen eben auch anrichtet, scheint mir ein notwendiger erster Schritt zu jenem Kulturwandel, der notwendig sein wird, wenn wir aus der rastlosen Hyperaktivität unserer Zeit zu einem vernünftigen Gleichgewicht von Tätigkeit und Ruhe finden wollen.

Kapitel I
Sabine Halstarnigg

Von der wir erfahren, dass kein Mensch zweihundert Milliarden Dollar verdienen kann und dass wir alle dringend weniger arbeiten müssen. Viel weniger.

Morgen ist mein siebenundvierzigster Geburtstag. Von der Welt, in der ich lebe, verstehe ich nicht viel, und mit jedem meiner Jahre noch immer weniger. Aber eines weiß ich mit Bestimmtheit, denn das sieht ja der Dümmste ein: Kein Mensch kann ein Privatvermögen von zweihundert Milliarden verdienen. Verdienen, nämlich. Verdienen, das bedeutet, nach Regeln erwerben, die in irgendeinem vorstellbaren Sinn den geringsten Forderungen von menschlicher Gesittung, von Anstand und Gerechtigkeit entsprechen. Nach solchen Regeln kann ein dermaßen sagenhafter Besitz nicht aufgehäuft werden. Nie und nimmer. Möglich ist das nur nach den Gesetzen, die heute auf der ganzen Welt gelten. Und daraus folgt, das versteht sich von selbst, dass diese Gesetze ganz anderen Regeln folgen müssen als jenen von Sitte, Anstand und Gerechtigkeit. Was das für Regeln sind, darauf kann sich jeder selbst seinen Reim machen. Fest steht nur eines, nämlich dass sie geändert werden müssen, diese nichtsnutzigen Gesetze. Und zwar sehr bald. Das ist nämlich mittlerweile dringlich. Geschehen wird es aber in absehbarer Zukunft trotzdem nicht.

Dringend ist die Änderung unserer Wirtschaftsgesetze nicht vor allem deshalb, weil sie skandalös sind. Dringend ist sie wegen des ungeheuren und in weiten Teilen schon jetzt irreparablen Schadens, den das, was die meisten Menschen irrtümlich für *Die Wirtschaft* halten, an den Grundlagen des Lebens auf unserem Planeten anrichtet. Die Gesetze, die das ermöglichen, müssen geändert werden. Das weiß mittlerweile jedes Kind. Und jedes

Kind weiß auch, wie diese Änderung beschaffen sein und worauf sie abzielen muss. Auf die wirksame Reduktion des sinnlosen und grenzenlosen Raubbaus an den natürlichen Ressourcen unserer Erde und auf ihre geschwisterliche Teilung unter allen Lebewesen. Reduktion bedeutet natürlich nicht, dass es nicht mehr genug von allem und jedem geben soll und darf. Meinethalben soll es auch übergenug geben, wenn es sich denn ausgeht und wenn es ohne Zerstörung und Vernichtung sein kann. Reduktion, damit meine ich nur einfach: Rückführung auf ein vernünftiges Maß.

Diese Rückführung muss jetzt sehr schnell passieren. Das muss in absehbarer Zukunft sein, wenn die irrwitzigsten Katastrophen und Verwerfungen verhindert werden sollen. Das ist ebenso klar, wie es klar ist, dass das weder mit der erforderlichen Geschwindigkeit noch im erforderlichen Ausmaß geschehen wird. Wenigstens dann nicht, wenn wir die Sache den Gesetzgebern und »*Der Wirtschaft*« überlassen. Von der sogenannten Wirtschaft und von der Industrie haben wir in dieser Sache im besten Fall nicht die geringste Hilfe zu erwarten. Aus dieser Ecke werden wir leider mit erbittertem und, nebenher gesagt, wahrscheinlich auch mit sehr erfolgreichem Widerstand rechnen müssen. Dieser Widerstand wird sich manchmal offen und kämpferisch zeigen. Meistens aber wird er verdeckt und hinhaltend sein. Äußerlich konziliant und respektvoll wird er seine auf lange Sicht lebensfeindlichen Ziele konsequent und rücksichtslos verfolgen. Im Namen der wirtschaftlichen Vernunft, für die wir alle arbeiten. Natürlich gibt es auch keinen Grund zu glauben, dass die Gesetzgeber auf der ganzen Welt ihre bisherige Praxis wesentlich ändern werden. Warum sollten sie plötzlich den Erfordernissen eines verantwortungsvollen Maßhaltens, der Menschlichkeit oder, schlicht und einfach: des Lebens folgen, anstatt wie bisher die Forderungen der Industrie und der sogenannten Wirtschaft zur Richtschnur zu nehmen? Wir müssen also die Sache selbst in die Hand nehmen.

　　　　Sabine Halstarnigg

Ich, für meinen Teil, werde das ab sofort auch tun. Ich bin keine Fantastin und ich weiß, dass ich den Gang der Dinge nicht ändern werde. Was ich tue oder lasse, wird den Lauf jener Welt nicht aufhalten, die Menschen auf dem Planeten Erde in den letzten zweihundertundfünfzig Jahren, seit dem Beginn der industriellen Revolution, eingerichtet haben. Ich trage nur einfach meinen Teil bei, meinen Teil als eine von acht Milliarden, jenes Achtmilliardstel, für das die Verantwortung auf mich fällt. Und wenn das auch nur wenig nützt, Schaden richte ich damit bestimmt keinen an, und auf jeden Fall weniger als alle die tüchtigen Einzahler ins Bruttosozialprodukt, an dem der herrschende Irrsinn den Erfolg des angeblichen Wirtschaftens misst. Was genau am Bruttosozialprodukt sozial sein soll, habe ich noch nie verstanden. Die Zahl, um die es da geht, wird ohne die geringste Rücksicht auf soziale Anliegen errechnet. *Bruttoasozialprodukt* ist wahrscheinlich die ehrlichere Bezeichnung für das nichtssagende Additionsexempel.

Das Bruttoasozialprodukt, in das ich bis auf weiteres nicht mehr einzahlen werde, wächst nämlich mit jedem nicht nur unnützen, sondern obendrein auch noch schädlichen SUV, der irgendwo aus irgendeinem Werk läuft. Es wächst mit jedem Schützenpanzer, mit dem irgendwo auf der Welt Menschen wie ich niederkartätscht werden. Jeder zubetonierte Hektar Acker, Wiese oder Waldboden ist ein wertvoller Beitrag zum Bruttoasozialprodukt. Jede Tonne mit enormem Einsatz von Ressourcen aller Art für den Müll produzierter Lebensmittel mehrt das Bruttoasozialprodukt. Auch *fast fashion*, wie die Millionen Tonnen an Textilien genannt werden, die, kaum getragen, im Container landen, tragen zum per Asozialprodukt gemessenen Wirtschaftserfolg bei. Das ist ein tausendfach gesungener und gehörter Klagegesang, niemandem neu, ein ermüdendes Lamento, ich weiß. Ich mache da jetzt also gerne einmal einen Punkt, weil ich, wie gesagt, den Tanz soundso einfach nicht mehr mitmache.

Nur noch das eine, damit da kein Missverständnis entsteht: Wenn ich sage, ich mache den Tanz nicht mehr mit, meine ich nicht einfach nur, dass ich in Zukunft den ganzen vollkommen überflüssigen Krempel nicht mehr kaufen werde, von dem uns die Werbefritzen einreden, dass wir ohne ihn nicht glücklich sein können. Wahr ist das Gegenteil. Wir können *mit* dem ganzen Zeug, das unser Leben verstopft, unsere Flüsse vergiftet, unsere Ozeane vermüllt und den Erdball unter einem Asphaltpanzer erstickt, nicht glücklich sein. Aber natürlich ist dem horrenden Aberwitz der Überproduktion schon längst nicht mehr durch individuellen Konsumverzicht beizukommen. Was nämlich kaum jemand weiß, ist, dass das ganze Gerümpel auf jeden Fall hergestellt, fabriziert und gebaut wird, und zwar vollkommen unabhängig davon, ob es auch nur die geringste Aussicht gibt, einen einigermaßen adäquaten Teil davon an ein gleichermaßen kaufwilliges und zahlungsfähiges Publikum losschlagen zu können. Das ist deshalb vollkommen bedeutungslos, weil Geschäft und Profit schon längst gemacht sind, bevor auch nur die Hälfte des mit letalen Folgen für die Lebensbedingungen auf der Erde hergestellten Überschusses gekauft worden ist. Lange bevor das erste Auto über Straßen rollt, die im Jahr 2023 noch immer nach den Maßgaben der städtebaulichen Konzepte und auf der Grundlage der Verkehrsplanung der 1950er Jahre gebaut werden; lange bevor die neueste *fast fashion* auf dem Müll landet, für den sie gemacht worden ist; lange auch bevor irgendwer in auch nur eine einzige Wohnung von mit Milliarden Kubikmetern Beton errichteten Geisterstädten einzieht, hat all die Mühe zur Herstellung des von den einen nicht gebrauchten und für die anderen nicht leistbaren Überflusses die Gewinnerwartungen von Investoren und damit ihren eigentlichen Zweck erfüllt.

Mit frommen Übungen wie Konsumverzicht, bewusstem Einkaufen, Jutesackerln und Biotralala ist gegen diese Art von Geschäftsmodell schon längst nichts mehr auszurichten. Wir müssen da wohl eine Stufe früher ansetzen. Wir müssen ansetzen bei der

Produktion selbst, bei unserem eigenen Beitrag zur Herstellung des ganzen unnötigen Plunders, bei unserer Arbeit. So schwer uns das auch fallen wird, wir werden einfach weniger arbeiten müssen. Sehr viel weniger sogar, wenn wir die Grundlagen des Lebens auf unserem Planeten nicht weiter zerstören wollen. Die Sache verhält sich nämlich so: Auf unserem schönen Erdball kommen wir mittlerweile auch ganz ohne Arbeit sehr ordentlich ins Schwitzen, weil es hier immer heißer wird. Es wird hier unerträglich heiß und das auch schon oft in den Zonen, die als die gemäßigten gelten. Und jetzt kommts: Wer arbeitet, der trägt dazu bei, dass es hier immer noch heißer wird, und zwar unabhängig davon, ob er sich an der Herstellung von überflüssigem und zum Teil auch schädlichem Zeug beteiligt, oder ob er in der vergleichsweise ziemlich harmlosen Dienstleistungsbranche tätig ist. Ressourcen und Energie verbrauchen wir alle, wir fleißigen und tüchtigen Frühaufsteher, Überstundenschieber und Wochenendarbeiter. Also, wir bis gestern, denn bis gestern habe auch ich noch zur gloriosen Gruppe der Todesschwadron Leistungsträger gehört. Aber morgen ist mein siebenundvierzigster Geburtstag und jetzt ist Schluss, weil ich es gestern Abend begriffen habe: Gerade und in erster Linie durch unsere Arbeit, und keineswegs durch unser bisschen Konsum, der heute übrigens auch nicht viel anderes ist als eine Fortsetzung der Arbeit mit anderen Mitteln, tragen wir zum Eintreten der schon jetzt bedrohlich nahen katastrophalen Ereignisse und Verwerfungen bei, zu denen unsere Art von Produktion, Konsum und Güterverteilung unausweichlich führen wird. Wer will, dass die Erderwärmung, das Artensterben, das Brennen der Regenwälder und das Abschmelzen der Polkappen zu einem Ende kommen, muss vor allen anderen Dingen eines tun: weniger arbeiten. Viel weniger.

Kapitel II
Otto Worak

*Der gerne ordentlich zupackt und sich sein Leben nicht schlecht-
reden lassen möchte.*

Von mir aus können sie alle daheimbleiben. Es muss auch keiner
etwas arbeiten. Ist mir egal. Nur in Frieden lassen sollen sie mich
bitte. Ich habe mein Leben lang gearbeitet und es ist mir dabei kein
Stein aus der Krone gefallen. Meinetwegen soll das jeder halten, wie
er will. Jeder soll so tun, wie er mag. Das nehme ich aber auch für
mich in Anspruch. Nicht mehr, nicht weniger. Ich will in Ruhe
meine Arbeit tun können. Ich will mit dem Geld, das ich verdiene,
machen können, was ich will, und ich will vor allem nicht den
Lebensunterhalt von Leuten bezahlen müssen, die sich vor der
Arbeit drücken. Und ich will mir keine Belehrungen anhören über
die Schäden, die ich angeblich pausenlos anrichte. Das beginnt in
der Früh, wenn ich zu unserer Baustelle fahren will und nicht hin-
komme, weil Leute auf der Fahrbahn kleben. Während ich im Stau
stehe, darf ich auf ihren Transparenten lesen, was ich ihrer Ansicht
nach zu tun oder, meistens, was ich zu lassen hätte. Wenn ich dann
endlich auf der Baustelle bin, sind dort andere Typen, die sich an
Bäume ketten, unsere Fahrzeuge blockieren und mich anbrüllen,
weil ich angeblich den siebenäugigen Traubenfalter gefährde. Beim
Abendessen bekomme ich von unseren halbwüchsigen Kindern
gesagt, was ich alles nicht essen darf. Und im Urlaub kann ich mir
anhören, dass man auch mit dem Zug nach Griechenland fahren
kann. Pubertierende Adoleszente, ich weiß. Das würde mich nicht
aufregen. Aber dass sie den ganzen Unfug in der Schule lernen, die
ich mit meinen Steuergeldern bezahle, finde ich nicht in Ordnung.
Ich würde auch lieber in einer Fantasiewelt leben, in der niemand etwas tun muss, wozu er gerade keine Lust hat. Aber ich

weiß, von nichts kommt nichts. Wir haben uns ein Haus gebaut, meine Frau und ich. Wir haben drei Kinder großgezogen und den Kredit abbezahlt. Es ist viel weitergegangen in dieser Zeit. Wir tun unseren Teil. Mit unserer Arbeit ernähren wir unsere Familie, und ich habe auch nichts dagegen, zum Unterhalt für alle beizutragen, die zu alt oder zu krank sind, um ihren Teil zu leisten. Ich habe aber schon etwas dagegen, alle mitzuschleppen, die einfach keine Lust haben. Dafür ist unser Sozialsystem nicht da, und das wird auf die Dauer auch nicht finanzierbar sein.

Wie genau das funktionieren soll, wenn alle immer weniger und immer mehr Leute auch gar nichts arbeiten, hat mir noch niemand erklären können. Nicht nur, dass uns schon jetzt überall die Arbeitskräfte fehlen. Die, die überhaupt noch kommen, wollen immer weniger arbeiten. Da geht es schon längst nicht mehr darum, wie die Wirtschaft das verkraften soll. Da geht es um die Versorgung in Krankenhäusern, um den Schulunterricht, um die Pflege von hilflosen Personen, um Polizei und Feuerwehr. Neulich habe ich am hellichten Tag mehr als zwanzig Minuten auf die Straßenbahn gewartet. Es hat keinen Unfall gegeben und auch keinen technischen Defekt. Die öffentlichen Verkehrsbetriebe finden einfach kein Personal. Gleichzeitig bekommt jeder Zehnte Arbeitslosengeld oder irgendwelche Schulungen bezahlt, damit er in der Statistik nicht aufscheint. Die einen gehen in Frühpension, die anderen fangen mit der Arbeit gar nicht erst an, und die Dritten steigen aus. Wenn zu wenig Arbeit da wäre, hätte ich nichts dagegen, dass alle unterstützt werden, die keine bekommen. Aber so wie es jetzt ist, dass nicht einmal die Grundversorgung gesichert ist, weil hinten und vorne das Personal fehlt, und gleichzeitig Leute durchgetragen werden, die mit den Händen in der Hosentasche spazieren gehen, das geht nicht. Geld haben die offenbar alle genug. Auch die Leute, die aus Geld mehr Geld machen oder es überhaupt gleich selber drucken. Wenn ich das richtig verstanden habe, kann mittlerweile jeder sein eigenes Geld machen, ohne dass er deshalb eingesperrt wird. Man nennt das Kryptowährung. Das bedeutet »verstecktes Geld« und es ist vollkommen legal. Das hat mir ein Bekannter erklärt. Er ist Bankangestellter und wird es also wissen. Ich habe nicht studiert und kenne mich da nicht aus. Wir waren zu Hause sieben Kinder, ich bin mit fünfzehn Jahren in die Lehre gekommen. Vielleicht muss man ja an der Universität gewesen sein, um das alles zu verstehen. Aber ich glaube das eher nicht. Was ich glaube, ist, dass es eine ganze Menge Menschen gibt, die rücksichtslos und asozial sind. Das beginnt ganz oben, bei denen, die sich die Taschen vollstopfen und es vollkommen in Ordnung finden, dass sie so viel Geld verdienen, dass sie gar nicht mehr wissen, was sie damit eigentlich noch anfangen sollen, während Arbeiter im selben Unternehmen sparen müssen, damit sie ihre Miete bezahlen können. Und es endet bei denen, die einfach nicht mit anpacken wollen. Weil sie angeblich nichts brauchen von dem, was wir erarbeiten. Sie brauchen keine Autobahnen, weil sie mit dem Fahrrad fahren. Sie brauchen keine Spitäler, weil sie sich gesund ernähren. Sie brauchen keine Kindergärten und keine Schulen, weil sie als Singles leben und sich nicht mit Kindern belasten wollen. Sie brauchen keine Straßenbeleuchtung, weil sie gut sehen, und sie brauchen auch keine Müllabfuhr, weil sie ihre Abfälle im Hausgarten kompostieren.

Das ist nicht nur unsolidarisch, es ist auch einfach nicht wahr. Auf die eine oder die andere Art profitiert jeder von dem, was wir geschaffen haben. Die Trittbrettfahrer gehen mir mit ihren Ausreden gründlich auf die Nerven. Es muss ja keiner Transportwege bauen, wenn er glaubt, dass irgendwelche Tausendfüßler wichtiger sind als die Versorgung einer Großstadt mit Lebensmitteln. Das ist aber kein Grund, nicht im Spital, in der Schule, bei der Feuerwehr, in der Gastronomie oder meinetwegen beim Stadtgartenamt zu arbeiten. Auf der anderen Seite kann ich verstehen, warum immer mehr Leuten die Lust vergeht. Wer wirkliche Arbeit leistet, ist im Endeffekt immer der Blöde. Wer bei Regen und Schnee, bei Kälte

Otto Worak

und Hitze hinausgeht und seinen Job macht, wer an der Werkbank steht, am Hochofen, wer im Hochsommer den hundertfünfzig Grad heißen Asphalt aufbringt oder auf der Intensivstation Schwerstarbeit in seinem Raumfahreranzug leistet, bekommt dafür einen Bruchteil von dem, was alle die Arbeitseinteiler, Beauftragten, Effizienzsteigerer und Kontrolleure bekommen, die eine sehr bequeme Tätigkeit haben, verglichen mit uns Lastträgern. Aber das eine Unrecht wird durch das andere nicht wettgemacht. Deshalb finde ich die Verweigerer und Aussteiger nicht weniger asozial als die Abkassierer. Es macht mich rasend, wenn mir so einer dann noch gute Lehren erteilt. Ja, ich baue die Straßen und auch die Tunnels, durch die die Lebensmittel in die Stadt gebracht werden. Dabei fallen manchmal auch ein paar Bäume um. Werden wieder nachwachsen. Ich kann jedenfalls das Gerede nicht mehr hören, wie wir die Lebensgrundlagen der Zukunft zerstören, die Luft verpesten, das Wasser verschmutzen und das Essen vergiften. Wenn das wirklich so wäre, könnte die durchschnittliche Lebenserwartung im vergangenen halben Jahrhundert nicht um fünfzehn Jahre gestiegen sein. Unseren Wohlstand und unseren Lebensstandard haben wir uns redlich erarbeitet. Ich lasse mir nicht einreden, dass das alles verkehrt war, und auch nicht, dass meine Arbeit nichts wert ist. Landschaftsschutz ist gut und schön, aber irgendwo werden wir auch wohnen müssen. Ich bestreite nicht, dass es auch Schwierigkeiten gibt, aber die hat es immer gegeben. Die Probleme muss die Wissenschaft in den Griff bekommen, mit neuen Technologien, das hat auch der Bundeskanzler gesagt. Ich verlasse mich darauf, dass die Forscher ihre Arbeit machen werden, so wie ich meine mache. Von denen erwarte ich Lösungen, auf ihre Belehrungen kann ich verzichten. Ich brauche keine Professoren, die mir erklären, dass ich nach elf Monaten Arbeit mit meiner Familie nicht mehr in den Urlaub fliegen darf, und dass ich mich von Heuschrecken und Haferflocken ernähren soll, anstatt ein ordentliches Beefsteak zu essen, wenn ich Lust darauf habe. Es wird doch wohl

Mittel und Wege geben, den Wohlstand zu erhalten, den wir uns aufgebaut haben, ohne dass davon gleich die Welt untergeht. Da werden sich die Herren in ihren Laboren halt ein bisschen anstrengen müssen, so wie ich das schließlich auch tue.

Mich nerven die Weltuntergangspropheten, und wenn unsere eigenen Kinder mit diesem Unfug daherkommen, schmerzt mich das. Bestimmt ist die Erderwärmung ein Problem. Aber es ist gar nicht sicher, welcher Teil da wirklich von uns verursacht ist. Die Leute lesen halt immer nur das, was ihnen in ihren Kram passt. Ich habe mir den Bericht des Weltklimarats angesehen. Dort steht, dass der Klimawandel in den vergangenen Jahrzehnten wahrscheinlich zu mehr als fünfzig Prozent menschengemacht gewesen ist. Wahrscheinlich. Und fünfzig Prozent. Das klingt schon ein wenig anders als das, was uns die radikalen Aktivistinnen jedweden Geschlechts einreden wollen. Das ist auch gar nicht das, was der Weltklimarat empfiehlt. Was wir brauchen, sind Umrüstung und technische Maßnahmen. Das ist aber viel Arbeit und die muss auch erst einmal getan werden. Wir können Windkraft und Sonnenenergie nützen und Kohlenstoff aus der Atmosphäre zurückgewinnen und unschädlich machen. Der Weltklimarat empfiehlt übrigens auch den Ausbau von Kernkraftwerken. Da haben meine Herren Söhne nicht schlecht gestaunt, als ich ihnen das gezeigt habe. Wie auch immer, es gibt jedenfalls genug klimafreundliche Technologien, es fehlen nur die Facharbeiter, die sie installieren. Die Auftragsbücher der Solaranlagenerzeuger gehen über. Wir stehen seit vier Monaten auf der Warteliste, und wenn wir Glück haben, bekommen wir unsere in einem Jahr. Das ist die Realität, weil die Bekämpfung des Klimawandels nämlich auch Arbeit verlangt und nicht ständig weitere Arbeitszeitverkürzungen. Außerdem sind die Klimaziele nicht die einzigen Ziele, es gibt auch andere. Zum Beispiel muss die Inflation bekämpft werden, und da ist die CO_2-Bepreisung natürlich nicht hilfreich. Die Inflation macht mir wirklich Sorgen. Das ist ein Problem, das mir Angst macht, weil es unseren Wohlstand viel mehr gefährdet als die Erderwärmung oder wenn der Meeresspiegel ein bisschen ansteigt. Bestimmt gibt es Regionen, für die das sehr unangenehm ist und wo man gewisse Ansiedlungen verlassen und sich nach neuen Orten wird umsehen müssen. Aber das sind Dinge, die weit weg und vielleicht in einer fernen Zukunft geschehen werden. Vielleicht wird aber auch gar nichts passieren, weil die Wissenschaft ja laufend etwas Neues entwickelt. Es gibt heute schon Methoden, das ganze CO_2 wieder im Boden zu binden, und wer weiß, was da noch alles erfunden werden wird. Die Gefahr für unsere Wirtschaft, wenn bei uns immer weniger gearbeitet werden soll und das für den gleiche Lohn wie früher, ist aber konkret. Jetzt wird sogar eine Vier-Tage-Woche verlangt, natürlich bei vollem Lohnausgleich. Wie soll das gehen? Dann wird natürlich alles teurer und unser Export, von dem wir leben, wird vollkommen zusammenbrechen. Weniger Arbeit und garantierte Mindestlöhne, das schwächt doch unseren Wirtschaftsstandort, und das dürfen wir nicht erlauben. Deshalb müssen wir mehr arbeiten, nicht weniger. China und Indien werden bei der Arbeitszeitverkürzung bestimmt nicht mitziehen, und unsere Position im Wettbewerb wird immer schlechter werden, wenn nicht mehr gearbeitet wird. Der Wettbewerb ist aber für uns alle gut, weil wir durch ihn alles viel billiger einkaufen können, als es ohne Wettbewerb wäre. Es kann deshalb gar nicht weniger gearbeitet werden, wenn unser Wohlstand und unsere Pensionsansprüche gesichert werden sollen. Ich bin mir nicht zu schade, um mit anzupacken, aber, wie gesagt, das soll jeder halten, wie er mag. Nur schlechtreden lassen will ich mir mein Leben nicht. Da, wo wir heute sind, sind wir durch Arbeit hingekommen, nicht durch Nichtstun.

Kapitel III
Kevin Lorre

*In welchem ein junger Mann aus der Generation Z erklärt, dass er
weder faul noch asozial ist.*

Hilfe brauche ich keine, danke. Auch keine Therapie. Ich bin nicht
krank, ich fühle mich wohl. Ich bin weder faul noch asozial. Ich
habe im Gegenteil sehr viel Energie und sehr intakte soziale Be-
ziehungen. Ich stehe früh auf und mein Tag ist angefüllt mit Dingen,
die mir wichtig sind. Ich betreibe Sport, ich lese, ich bin für meine
Freundin da und natürlich auch jederzeit für meine Freunde. Wenn
ich gebraucht werde, können sie auf mich zählen. Ich helfe ihnen
beim Herrichten ihrer Wohnungen, ich besorge Einkäufe und ich
bringe schon auch einmal ihre Kinder zum Zahnarzt, wenn es bei
meinen mehr karriereorientierten Freunden knapp wird. Das ist
alles Arbeit, auch wenn ich dafür nicht bezahlt werde. Ich bin hilfs-
bereit, mache mich gerne nützlich und frage nicht viel danach, was
mir das bringt. Zu keiner großen Meisterschaft habe ich es in der
Geldverdienkunst gebracht. Das ist eine eigenständige Disziplin,
die mit Arbeit nicht gerade viel zu tun hat. Aristoteles hat das gezeigt, vor bald einmal zweieinhalbtausend Jahren. Habe ich auf dem
Gymnasium gelernt und scheint mir plausibel. Ich habe an dieser
Kunst kein besonders Interesse, weil ich an Geld kein besonderes
Interesse habe. Wenigstens kein eigenständiges. Natürlich brauche
ich Geld, aber nicht so viel, dass ich deshalb den besseren Teil
meiner Lebenszeit mit seinem Erwerb zubringen möchte. Ich
komme sehr gut ohne sehr viele Dinge aus, deren Nutzen vor fünfzig Jahren noch kein Mensch gekannt hat, deren Sinn und Zweck
den Leuten mit großem Aufwand erklärt werden muss, und die
heute den meisten vollkommen unentbehrlich scheinen. Ich habe
kein Auto und auch sonst keine kostspieligen Hobbys. Ich gehe

gerne zu Fuß und kann mir das auch leisten, weil ich es nicht eilig habe. Der Wein, den ich trinke, schmeckt hervorragend, ist aber nicht teuer. Mein Telefon ist sechzehn Jahre alt. Ein Geschenk meiner Taufpatin zu meinem zwölften Geburtstag. Ich werde in Frieden und glücklich sterben, auch wenn ich mein ganzes Leben lang nie in der Karibik gewesen sein werde. So wie übrigens die meisten Menschen auf der Welt. Weil ich nie mehr als höchsten zwanzig Stunden in der Woche einem Erwerb nachgehe, habe ich nie viel Geld, aber immer genug.

Ich kenne es aber auch anders. Weil begonnen habe ich so, wie die meisten. Nach der Schule wollte ich möglichst schnell mein eigenes Geld verdienen. Habe ich auch. Ich habe in verschiedenen Branchen gearbeitet. Vierzig Stunden in der Woche. Gar nicht selten auch fünfzig Stunden und mehr. Ich habe ordentlich verdient und für meine Begriffe viel Geld gehabt, aber nie genug. Ich komme heute bequem mit weniger als der Hälfte von dem aus, was ich damals verdient habe. Dabei verzichte ich auf absolut nichts, das mir auch nur im Entferntesten wichtig wäre. Ich habe länger darüber nachgedacht, wie das sein kann und es war gar nicht leicht das zu verstehen. Um herauszufinden, warum ich früher nicht einmal ausgekommen bin mit all dem vielen Geld, das mir heute gar nicht abgeht, habe ich überlegt, was ich mit meinem guten Einkommen damals eigentlich gekauft habe. Da bin ich dahintergekommen, dass das im Wesentlichen Zeit gewesen ist. Ich habe Zeit gekauft. Die Zeit, die ich zum Erwerb von Geld verbraucht habe, habe ich danach auf unterschiedliche Weise zu einem hohen Preis wieder zurückgekauft. Heute habe ich genug Zeit und brauche keine Zeit mehr zu kaufen. Ich kaufe stattdessen einmal in der Woche auf dem Markt ein und koche selbst. Das kostet ein Fünftel von dem, was ich früher für in der Mikrowelle schnell warm gemachte Fertiggerichte ausgegeben habe, zu schweigen von meiner Rechnung für das Lieferservice von Pizzaketten und Chinarestaurants. Wahrscheinlich ist es auch gesünder und jedenfalls schmeckt es besser.

Weil ich nichts zu kompensieren habe, kaufe ich auch kein über-
flüssiges Zeug mehr, um mich zu belohnen. Wenn ich nach Paris
will, komme ich mit dem Sonderangebot der Bahn um schlanke
29 Euro dahin. Die Nutzung eines solchen Angebots habe ich mir
früher nicht leisten können. Keine Zeit. Ich habe den Wochenend-
flieger nehmen müssen. Zeit ist Geld. Das stimmt wirklich. Ich
nehme mir jetzt einfach mehr Zeit, deshalb brauche ich weniger
Geld.

   Das Einzige, was ich vielleicht doch gerne hätte und nicht haben kann, weil ich zwar Zeit, aber nicht das nötige Geld habe, ist
eine größere Wohnung in einer ruhigeren Lage mit ein bisschen
mehr Grün rundherum als es die städtischen Parkanlagen bieten.
Das wäre schön für uns, für meine Liebste und für die Kinder, die
wir bald haben werden. Aber das Lustige ist, dass ich uns gerade
diesen Wunsch auch dann nicht würde erfüllen können, wenn ich
bis zum Umfallen hinter dem Geld her wäre. Vielleicht ein paar
Quadratmeter mehr, ja. Vielleicht in einem etwas schöneren Haus,
in dem die Gänge und die Stiegen nicht so verkommen sind wie
bei uns. Aber eine Wohnung, wie wir und die meisten Menschen
sie gerne hätten, da kann ich mich anstrengen, so viel ich will. So
etwas ist nicht zu haben für Leute wie uns. Dafür muss man erben.
Mit gewöhnlicher Arbeit ist da nichts zu machen. Also sind wir
zufrieden mit unserer zugegeben etwas unspektakulären Bleibe
und wenn wir ins Grüne wollen, packen wir uns zusammen, setzen
uns aufs Rad und fahren hinaus. Die Zeit dafür haben wir.

   Wie gesagt, es geht mir gut. Danke der Nachfrage. Ich habe
keinen Grund, die Hilfe eines Psychotherapeuten in Anspruch zu
nehmen. Aber ich spreche gerne einmal mit einem. Nicht, weil ich
selbst Zweifel habe an meinem Leben und meinen Entscheidungen.
Nur einmal so zum Nachsehen, weil ich immer öfter höre und lese,
dass mit einem wie mir etwas nicht stimmen kann. Weil ich keine
Überstunden mehr habe machen wollen, nachdem ich schon von
acht Uhr morgens bis fünf Uhr abends in der Arbeit war. Weil ich

mich geweigert habe, dienstliche E-Mails zu lesen, wenn mein Arbeitstag zu Ende war. Weil mir meine Freunde und meine Familie wichtiger sind als alle tollen Sachen, die ich kaufen könnte, wenn ich mich um meine Karriere kümmern würde. Bin ich wirklich faul, verwöhnt und hauptsächlich mit mir selbst beschäftigt, weil ich nicht mehr als die Hälfte meiner Lebenszeit dem Geldverdienen widmen möchte? Drei Tage sind einfach genug dafür, meine ich, aber in der Zeitung nennen sie mich einen Verweigerer. Leute wie ich würden große Ansprüche stellen, aber nicht arbeiten wollen. Wir würden das ganze System zum Kippen bringen. Das sei asozial. Das soll so sehen, wer will. Man kann das aber auch anders sehen. Die Republik, in der ich lebe, fördert umweltschädliche Wirtschaftsaktivitäten mit sechs Milliarden Euro, nicht im Jahr, Monat für Monat. Ich weiß, das klingt unglaublich, aber ich erfinde das nicht. Das sind die Subventionsbeträge, die die Regierung als die von ihr allmonatlich ausgeschüttete Unterstützung für die Anrichtung von Umweltschäden offiziell zugibt, und wer das nicht glaubt, kann es auf der Website des Umweltbundesamts nachlesen. In dieser Summe sind die Förderungen von Ländern und Kommunen für denselben Zweck noch gar nicht enthalten. Alle diese Förderungen verstoßen gegen das Pariser Klimaabkommen und damit gegen geltendes Recht. Und wer genau ist jetzt asozial? Wer bei diesem ganzen Treiben vorbehaltlos mitmacht, oder wer sich nach Maßgabe der Möglichkeiten ein wenig zurücknimmt?

Ich schränke mein Arbeitspensum freiwillig ein, und ich habe kein schlechtes Gewissen, immer mal wieder auch ein wenig Stütze von der Arbeitsagentur in Anspruch zu nehmen, wenn ich mich für einige Zeit ganz aus dem Erwerbsprozess zurückziehe. Ich fehle nicht bei der mit Steuermillionen subventionierten Produktion von Kraftfahrzeugen, um nur ein Beispiel zu nennen. Und auch zum Brotbacken werde ich nicht gebraucht, solange in meinem schönen Land fünftausend Tonnen davon in den Müll wandern. Täglich. In der Pflege würde ich gerne arbeiten und das habe ich auch getan. Werde ich auch wieder tun, wenn die Schwerstarbeit einigermaßen angemessen entlohnt wird, und ich mir nicht von einem Klugscheißer im feinen Zwirn sagen lassen muss, dass bei einer Reduktion meiner Wochenarbeitszeit auf fünfunddreißig Stunden die Lichter ausgehen würden. Diesen Quatsch haben dem p. t. Publikum schon die Großväter vom feinen Herrn Funktionär verklickert. Das war so beim Kampf gegen die 50-Stunden-Woche, als es um die 45-Stunden Woche ging. Dann wiederum dasselbe wegen der Fünf-Tage-Woche und 40 Stunden. Und gestimmt hat das ganze Geschwätz vom Untergang damals so wenig wie heute. Bis da ein bisschen Vernunft einkehrt, genieße ich einmal vorsichtshalber meine jungen Jahre.

Kevin Lorre

Kapitel IV
Sabine Halstarnigg

Die Erhellendes erfährt von ihrem Onkel Lars, der die Gesetze macht, obwohl er nie ins Parlament gewählt worden ist.

Dass wir viel weniger arbeiten müssen, ist ganz klar und sehr leicht einzusehen für jeden, der in der Lage ist, ein paar allgemein verfügbare Informationen und vollkommen unbestrittene Tatsachen miteinander zu verknüpfen, sie zueinander ins Verhältnis zu setzen, und die nach den bekannten Denkgesetzen einzig zulässigen Schlüsse aus ihnen zu ziehen. Beschränken wir uns zunächst einmal auf nur zwei gänzlich zweifelsfrei feststehende Tatsachen. Tatsache eins: Seit einem halben Jahrhundert beträgt die Normarbeitszeit des vollzeitbeschäftigten Individuums in unseren Breiten vierzig Stunden pro Arbeitswoche. Tatsache zwei: In diesem halben Jahrhundert ist die Arbeitsproduktivität um das Zweieinhalbfache gestiegen. Das gilt nicht nur für Erwerbstätige in der Industrie und in der Güterproduktion. Da sorgt die Automatisierung und Digitalisierung noch für ein bedeutend größeres Anwachsen des Arbeitserfolgs. Die zweieinhalbfache Arbeitsproduktivität, das schließt auch den Ober ein – der natürlich nicht in derselben Zeit, in der er früher einhundert Schalen Kaffee serviert hat, jetzt zweihundertundfünfzig auf die Tische stellen kann – und die Krankenschwester, deren Pflegeaufgaben sich nicht in der halben Zeit erledigen lassen. Die Verdoppelung und bald schon Verdreifachung des Arbeitserfolges ist der über alle Erwerbstätigkeit berechnete Durchschnittswert. Wofür im Jahr 1975 zweieinhalb Stunden Arbeit erforderlich waren, das wird heute in einer Stunde erledigt, und an einem Arbeitstag wird heute das geschaffen, wofür damals zwei und ein halber erforderlich gewesen sind.

Derselbe Wohlstand, den wir vor fünfzig Jahren schon hatten, kann heute also mit weniger als dem halben Arbeitsaufwand hergestellt werden. So, und jetzt soll mir bitte jemand erklären, warum wir heute, gerade so wie vor einem halben Jahrhundert, weiterhin Woche für Woche vierzig Stunden lang am Fließband stehen, am Schalter hocken oder unser Augenlicht vor dem Bildschirm irgendwelcher Rechner verderben sollen. Es gibt dafür keine vernünftige Erklärung. Ich weiß das, weil ich diese Frage sehr vielen Leuten gestellt habe, Leuten, die als gescheit und kompetent gelten, und solchen, die es auch wirklich sind. Ich habe über diese Frage mit Unternehmerinnen und Industriellen, mit Wirtschaftswissenschafterinnen, Funktionären und Politikerinnen, mit Historikerinnen und Zukunftsforschern, mit Naturwissenschaftern und Philosophinnen gesprochen. Und natürlich habe ich, außer ratlosem Achselzucken, auch jede Menge Rechtfertigungen und Erklärungen für die unausweichliche Notwendigkeit von Überproduktion und Überkonsum zu hören bekommen. Aber selbst die gescheiteren unter diesen Verteidigungen des Status quo haben sich bei etwas genauerem Hinsehen schnell als dumm genug erwiesen, weil die Dinge in diesem Fall ziemlich genau so einfach sind, wie sie scheinen: Wir arbeiten nicht nur sehr beträchtlich viel mehr als notwendig, wir arbeiten auch sehr beträchtlich viel mehr als nützlich ist, und auch deutlich viel mehr, als dem Gedeihen des Lebens auf unserem Planeten wenigstens nicht schädlich und unserem eigenen Wohlstand förderlich wäre.

Gedämmmert hat mir das schon vor längerer Zeit, aber mit Bestimmtheit weiß ich es seit gestern. Ich weiß es von einem der ganz großen Industriekapitäne unseres Kontinents, meinem Onkel Lars-Hagen. Der Onkel Lars ist eigentlich kein richtiger Onkel, sondern nur der älteste und beste Freund meines Vaters. Die beiden stecken zusammen seit ihren ersten Schultagen, sie waren miteinander auf dem Gymnasium und sind am selben Tag zu Doktoren der Wirtschaftswissenschaften promoviert worden. Der Onkel Lars ist beides, Betriebswirt und Nationalökonom, und er ist eines der ganz großen Tiere in der deutschen Schlüsselindustrie, von der Pike auf gelernter und in der Wolle gefärbter Autofabrikant, in alle Schweinereien der Branche eingeweiht und ganz ohne jeden Zweifel auch bis übers Kinn in sie verwickelt. Aber natürlich kann ihm keiner was, weil er als Generaldirektor oder als CEO, wie die jetzt sagen, von den horrenden Wirtschaftsverbrechen, die vor seiner Nase in den von ihm geleiteten Unternehmen mit enormem Aufwand und sagenhafter krimineller Energie vorbereitet und ausgeführt worden sind, auch nicht die leiseste Ahnung hatte. Das den Gerichten, den ohnedies sehr kooperativen wirtschaftsliberalen Medien und auch noch den frechsten Bloggern – letzteren mit Hilfe ruinöser Klagsandrohungen – in gebührender Weise verständlich zu machen, ist eine Aufgabe, mit der Onkel Lars sich nicht persönlich aufhält. Das tut eine ganze Horde von Rechtsanwälten, die im Solde natürlich nicht des Onkels, sondern der von ihm geleiteten Autoindustrie stehen. Onkel Lars, der mittlerweile als *elder statesman* in die Aufsichtsräte mehrerer hochsubventionierter börsennotierter Unternehmen aufgestiegen ist, kann so seinen vielfältigen Pflichten als gesuchter Berater der stets wechselnden Regierungen ungestört nachkommen. Abgesehen vom doch sehr unterschiedlichen Grad von Kultiviertheit der Regierungsamtsträger, ist es dem Onkel herzlich egal, welche Partei gerade die Administration der Republik besorgt. Administration, so nennt der Onkel Lars die Regierungen, und das nicht nur wegen der acht Jahre, die er in den U.S.A. verlebt hat, sondern vor allem deshalb, weil er in den Regierungen nichts anderes sieht als eben das: Verwaltungsorgane, die Gesetze zu vollziehen haben. Gestaltet und formuliert werden diese Gesetze seiner wahrscheinlich nicht ganz unbegründeten Ansicht nach schon längst nicht mehr von den demokratisch legitimierten gesetzgebenden Körperschaften der Republik. Es sind wenige Einzelpersonen, die die Besorgung dieses Geschäfts übernommen haben. Sie firmieren gemeinhin unter dem Pseudonym *Die Wirtschaft*. Den Mitgliedern dieses in den Verfassungen nicht aufscheinenden Organs der Legislative macht es wenig Kummer, dass sie die von ihnen entworfenen Regelwerke nicht selbst in Geltung bringen können, sondern dazu des Formalakts von Gesetzesbeschlüssen der Parlamente bedürfen. Sicherzustellen, dass diese den Wünschen *der Wirtschaft* entsprechend erfolgen, ist, wie Onkel Lars zu sagen pflegt, eben die hauptsächliche, wo nicht überhaupt die einzige Aufgabe der jeweiligen Administration. Er hat ihrer viele kommen und gehen gesehen, und er hat sich, vollkommen unabhängig von der politischen Couleur der jeweiligen Amtsträger, über ihre *performance* in diesem Punkt noch nie zu beklagen gehabt.

Onkel Lars sagt solche Dinge frei von jedem Zynismus, der seinem Wesen gänzlich fremd ist. Denn so wie die meisten großen Industriekapitäne ist der Onkel Lars erfüllt von einer breiten, allumfassenden oder geradezu allumarmenden Bonhomie und durchdrungen von der Überzeugung, dass sein Tun und Lassen keineswegs nur den Interessen seiner Aktionäre und Shareholder dient, sondern zuvorderst dem großen Ganzen: der Erzeugung, Beförderung und Erhaltung des allgemeinen Wohlstands, dem sozialen Frieden und natürlich der Freiheit des Individuums. Die Bonhomie des Onkels hat nichts gemein mit der milden Vertrottelung, welche dem Lehnwort in manchen Wörterbüchern beigelegt wird. Wenig zu tun hat sie auch mit der Menschenfreundlichkeit, die so sehr von deutschem Pflichtbewusstsein und altruistischer Selbstentsagung strotzt, dass sie die eigene Person kaum einschließt. Die Bonhomie des Onkel Lars ist eine solche, deren Wohlwollen primär der eigenen Person gilt und die, fest auf diesem archimedischen Punkt stehend und von diesem aus machtvoll wirkend, die ganze Menschheit umfasst und umarmt. Das tiefe Einverständnis mit dem eigenen Ich, das nicht nur der Rede des Onkels deutlich anzumerken ist und das spürbar aus allen Poren seines wohlgenährten, aber nicht übergewichtigen Leibes quillt, hat mit platter Selbstzufriedenheit nicht das Geringste zu tun. Es speist sich aus einer grundlegenden Nachsicht, die der Onkel zunächst sich selbst gewährt, um solche Gewährung in weiterer Folge auf seine Mitmenschen und auf alle Erscheinungen überhaupt zu erstrecken. Nicht, dass Onkel Lars eigene oder fremde Unzukömmlichkeiten und Schwächen bis hin zu groben Verfehlungen und flagranten Gemeinheiten nicht sehen könnte oder wollte. Er betrachtet sie nur einfach als unbeachtlich und bringt sie gewissermaßen in Abzug vom Ganzen, um so auf das Eigentliche zu kommen, das im platonischen Sinn Wesensmäßige, das seiner festen Überzeugung nach nichts anderes sein kann als eben das Wertvolle und das Liebenswerte.

Es ist dieses breite Wohlwollen des Onkel Lars, das mir seine Gesellschaft angenehm macht, und das mich auch seinen haarsträubendsten Auslassungen gegenüber in die höchst fragwürdige Lage einer vollkommen kritiklosen Zuhörerin versetzt. Gestern war es wieder einmal soweit. Mit einem rational nicht begründbaren und sittlich höchst bedenklichen Wohlbehagen habe ich die Ungeheuerlichkeiten angehört, die er ohne das geringste Anzeichen von Scham über das – seine Worte –: Sheaffer-White-Dot-Problem von sich gegeben hat. Das Problem verfolge ihn seit vierzig Jahren und habe ihn nun, auf der letzten Stufe seiner Laufbahn, wieder eingeholt. Beim Cognac, in der vertrauten Umgebung der Bibliothek meines Vaters, hatte der Onkel auch keine Bedenken, über die – wenigstens aus moralischer Sicht, wahrscheinlich aber auch aus der Perspektive der in solchen Fragen ohnedies erstaunlich laschen Bestimmungen des Strafgesetzes – erpresserischen Methoden und klar kriminellen Praktiken zu sprechen, mit denen Vorstände und Personalabteilungen gegen interne Reformer und Kritiker vorgehen. Diese Methoden und Praktiken will Onkel Lars keinesfalls als Besonderheiten der von ihm repräsentierten Industrie verstanden wissen. Er sieht in ihnen ganz im Gegenteil das Rückgrat jener Wirtschaftsordnung, die sich neben dem Gesetz gebildet hat, und die ihren universellen Führungsanspruch ganz offen unter dem Titel des ökonomischen Imperialismus zu erheben pflegt. Bei diesem handelt es sich um eine Art wohlmeinenden Despotismus, eine unbefragbare Königsherrschaft, deren segensreiches Wirken durch die Unwägbarkeiten und die Irrationalität demokratischen und rechtsstaatlichen Brimboriums nicht über das unerlässliche Maß hinaus beeinträchtigt werden soll.

Hypnotisiert von der Stringenz der in sich vollkommen schlüssigen Argumentation des Onkels, von der Geschmeidigkeit seines Vortrags und dem Wohlklang seiner Stimme habe ich seine bei Licht betrachtet durch und durch menschenfeindlichen und schlichtweg zerstörerischen Ausführungen in Ruhe und mit einer Art perverser Sympathie angehört, ohne auch nur den geringsten Einwand zu erheben. Dass meine Sympathie dem Redner, und keinesfalls der Rede gegolten hat, mag eine schwache Entschuldigung sein. Zu meinen Gunsten spricht aber, dass ich anderntags, heute, einen Tag vor meinem siebenundvierzigsten Geburtstag, die richtige Konsequenz aus den freimütigen Offenbarungen meines Onkels Lars gezogen habe. Ich habe gekündigt, und zwar nicht nur meine Stelle, meine aktuelle Erwerbstätigkeit, sondern meine Mitwirkung an der von einer längst sinnlos gewordenen Wirtschaftsordnung erzwungenen Überproduktion und an der von ihr erforderten manischen Hyperaktivität der mit beiden Beinen im Irrsinn stehenden Menschen überhaupt. Mit dem heutigen Tag verlasse ich meinen Posten als erwerbstätige Einzahlerin ins Bruttoasozialprodukt und werde stattdessen ein nützliches Glied der Gesellschaft.

Sabine Halstarnigg

Kapitel V
Lars-Hagen Macher

*Von dem wir lernen, warum wir leider dringend mehr werden
arbeiten müssen. Viel mehr.*

Im Lauf eines langen Lebens lernt man ja, mit mancherlei zu rechnen, aber das hätte ich nicht geglaubt, dass mich das White-Dot-
Problem noch ein zweites Mal in meiner Karriere einholen würde.
Das erste Mal habe ich in den Siebzigerjahren damit zu tun bekommen, mehr nur so am Rande, am Beginn meiner Laufbahn, als
Assistent der Geschäftsleitung. Das war damals ein Kuriosum, eine
romantische Idee der Entwicklungsabteilung, und wenn ich mich
recht erinnere, war es unser Vorstandsvorsitzender, der das Projekt
auf den Punkt gebracht und ihm den Namen gegeben hat, unter
dem es dann in den Vorstandsetagen der gesamten internationalen
Autoindustrie bekannt war und wegadministriert worden ist: Das
White-Dot-Problem.

Die alten Herren haben damals noch Füllfedern gehabt, nicht
nur zum Signieren von Verträgen, die haben dauernd damit geschrieben, Notizen, Briefe, was weiß ich. Ihre Füllfedern, das war
so ein Ding zwischen Gebrauchsgegenstand und Schmuckstück,
das sie in einem eigenen Halter, zusammen mit einem Tintenfass
und einer Löschwiege, auf ihren sonst vollkommen leer geräumten
Schreibtischen stehen gehabt haben, und zu den feinsten von diesen Federn haben eben die *White Dots* gezählt. Die sind in den
U. S. A. hergestellt worden, in Iowa, und waren mit einem neu-
artigen, ziemlich verspielten Mechanismus zur Aufnahme der
Tinte versehen, einem in den Korpus der Feder eingelassenen
Hebel, dessen Betätigung das Befüllen des Schreibgeräts zu einem
feierlichen kleinen Zeremoniell gemacht hat. Erfunden hat das ein
Herr Sheaffer, Walter A. Sheaffer, der sich das in den 20ern hat

patentieren lassen. Das muss ein richtiger Tüftler gewesen sein, Sohn einer kleinen Juwelierfamilie, wenig Umsatz, aber großes Berufsethos, Handwerkerehre, eine Gestalt aus dem neunzehnten Jahrhundert. Keine Feder hat seine Werkstatt verlassen, die er nicht selbst in der Hand gehabt und geprüft hätte. Wenn er mit dem Stück zufrieden war, hat er in die Kappe einen weißen Punkt eingelassen, den White Dot, und das hat bedeutet: *Unconditionally guaranteed to work for a lifetime*, eine Garantie für das einwandfreie Funktionieren des Schreibgeräts für die volle Lebenszeit des Käufers. Eine Sheaffer hat gut drei Mal so viel gekostet wie eine vergleichbare Feder, aber sie kam eben mit dieser Lifetime Warranty, und die hat das Unternehmen sehr schnell zu einem Marktführer in den U. S. A. gemacht.

Fünfzig Jahre später, in den 1970ern, ist die Idee dann in den Konstruktionsabteilungen der Autoindustrie aufgetaucht. Anders, als unsere Herren Ingenieure geglaubt haben, natürlich nicht exklusiv in unserer, sondern ziemlich zeitgleich in allen *Technical Development Departments* der weltweit miteinander konkurrierenden Autobauer. Das war ganz unverkennbar eine Folge des im Jahr 1972 veröffentlichten Berichts des Club of Rome, der unter dem Titel *The Limits to Growth* erschienen ist und die ganze Welt verrückt gemacht hat. Damals haben plötzlich alle an die baldige Erschöpfung der auf unserem Planeten verfügbaren Energieträger und anderer Ressourcen geglaubt, die für die Produktion einer immer größeren Zahl von immer größeren Kraftfahrzeugen notwendig sind. Wie wir heute wissen, hat es das Problem in Wirklichkeit nie gegeben, aber unsere Ingenieure haben sich natürlich sofort auf seine Lösung gestürzt und eine Menge von Konstruktionsplänen entwickelt, die alle auf dasselbe hinausgelaufen sind: Ein Kraftfahrzeug sollte ein dauerhaftes Gebrauchsgut sein, möglichst etwas, das man einmal oder vielleicht höchstens zweimal im Leben kauft und dann sorgsam behandelt. Der Wertverlust sollte durch eine beim Kauf verpflichtend zu buchende jährliche Wartung

　　　Lars-Hagen Macher

verlangsamt und minimiert, die Wertbeständigkeit durch die frühe Feststellung und Behebung von entstehenden Schäden mit geringem Materialverbrauch gesichert werden. Auf diese Weise sollte eine für die Lebensdauer des Ersterwerbers gültige Garantie in den Bereich des Möglichen rücken. Technisch war das alles schon damals realisierbar. Auch wirtschaftlich wäre sich das irgendwie ausgegangen. Unsere Gewinnmargen wären zwar deutlich geringer geworden, aber allemal noch annehmbar geblieben. Auch in Hinblick auf Vertrieb und Marktchancen war das Vorhaben zumindest in Grundzügen überprüft, und irgendwie hat es insgesamt wie ein wenigstens verfolgenswerter Pfad für eine zukunftsorientierte Produktion ausgesehen. Der Autokauf sollte nicht mehr von irgendwelchen wilden Fantasien bestimmt sein, die die Leute dazu bringen, ihre durchaus funktionsfähigen Fahrzeuge gegen das neueste Modell zu tauschen, sondern einfach rationalen Erwägungen auf der Grundlage vernünftiger Mobilitätsbedürfnisse folgen.

Was von unseren tüchtigen Ingenieuren nicht berücksichtigt worden war, das waren die Interessen der Industrie selbst, die berechtigten Gewinnerwartungen unserer Investoren und Shareholder, die Funktionsweise unseres gesamten Wirtschaftssystems und vor allen Dingen die zentrale Rolle, welche die Produktion von Kraftfahrzeugen in den großen Industriestaaten für die flächendeckende Versorgung des Volkes mit Arbeit spielt. Die Menschen glauben immer, dass das, was wir produzieren, Autos sind. Das ist ein Irrtum. Das Auto ist nur ein Abfallprodukt unserer Industrie. Die Leute sehen es in den Auslagen der feinen Autosalons, an deren riesigen Fensterscheiben sie ihre Nasen platt drücken. Kaum bekommt ein junger Mann sein erstes Gehalt, rechnet er sich aus, ob er wohl die Monatsrate für den Erwerb irgendeines viel zu großen, viel zu starken, viel zu schnellen Gefährts wird aufbringen können, dessen Besitz, wenn man rationale Überlegungen an die erste Stelle setzt, ihm keinen adäquaten Nutzen bringt, und er ist bereit, jeden für ihn gerade noch erschwinglichen Preis für das vermeintliche Produkt unserer Mühen zu bezahlen. Das Produkt unserer Mühen sind aber in Wahrheit gar nicht die Fahrzeuge. Die erzeugen wir nur so nebenher. Was wir wirklich herstellen, ist Arbeit. Wir versorgen die Welt mit Arbeit, mit immer neuer, nie endender Arbeit. Und Arbeit, sehr viel Arbeit braucht die Welt. Natürlich nicht, um die Bedürfnisse von Menschen zu befriedigen. Das ließe sich beim heutigen Stand der Arbeitsproduktivität ohne Weiteres und auf sehr komfortablem Niveau mit einer Zwanzig-Stunden-Woche bewerkstelligen. Die meiste Zeit der heutigen Wochennorm wird nur zur Herstellung der zwei Hauptprodukte unserer Industrie gearbeitet, für die Erzeugung weiterer Arbeit und natürlich für den Profit. Wir erzeugen Arbeit und Profit, und beide zusammen müssen fortwährend wachsen. Nie dürfen sie einfach an einem erreichten Punkt stehen bleiben, weil ein solcher Stillstand nicht zu Stabilität, sondern zum Zusammenbruch unserer ganzen Ordnung führen würde. Arbeit und Profit müssen immer weiter zunehmen, weil sonst unser gesamtes Wirtschaftssystem sehr schnell kollabieren würde. Damit unser System funktionieren kann, müssen die Schlote ordentlich rauchen. Es muss produziert, gekauft, möglichst bald verschrottet und wieder gekauft werden. Anders geht es nicht, wenn unser Wirtschaftsmodell, das wir nicht reformieren und schon gar nicht gegen ein anderes tauschen wollen, überleben soll. Eine Welt, die nicht von diesem uns bekannten und vertrauten Modell beherrscht wird, wäre kaum lebenswert und ist uns weit weniger vorstellbar, als ein Leben mit zwei oder drei Grad mehr im Jahresmittel oder ohne die fünfzigtausend Arten von Pflanzen und Tieren, die jedes Jahr für immer von unserem Planeten verschwinden, ohne dass sie irgendjemandem ernstlich fehlen würden.

Das sehen wir heute so, und das haben wir auch schon vor fünfzig Jahren, in den 1970ern so gesehen. Die Vorstandsetagen waren damals eine Zeit lang damit beschäftigt, unsere von ihren Sparefrohideen begeisterten Ingenieure zu beruhigen und ihre gut

Lars-Hagen Macher

gemeinten, aber leider wirtschaftsfeindlichen Projekte einzufangen. Das war damals noch einfacher, weil die Leute nicht so manisch auf irgendwelche abstrakten Weltrettungsfantasien fixiert waren, wie heute. Man hat sich um das Greifbare gekümmert, das Naheliegende, die eigene Karriere, und um das Unternehmen, für das man arbeiten durfte und von dem man sein Gehalt bezogen hat. Es hat damals noch eine große und ehrliche Identifikation mit der Firma gegeben.

Man war stolz darauf, bei einem großen europäischen Autobauer beschäftigt zu sein, und auch unseren Konstrukteuren ging es mit ihren White-Dot-Plänen gar nicht, oder zumindest nicht in erster Linie um die Schonung von Ressourcen oder um den Schutz der Umwelt. Unseren Ingenieuren ging es zunächst einmal hauptsächlich darum, unter den damals prognostizierten Bedingungen einer in absehbarer Zukunft drohenden Knappheit der bis dahin grenzenlos und billig verfügbaren Energieträger und Rohstoffe dem eigenen Unternehmen einen Wettbewerbsvorteil gegenüber der Konkurrenz zu verschaffen. Bei dieser Motivlage war es nicht schwer, für den Ehrgeiz unserer Konstrukteure neue Betätigungsfelder zu finden. Wir haben erhebliche Summen in die Entwicklung von Motoren mit wesentlich reduziertem Treibstoffverbrauch investiert, unser Rohstoffmanagement angepasst, haben uns sogar in ein paar Recyclingabenteuer gestürzt, unsere Ingenieure für ihre White-Dot-Initiative belobigt, ihnen Prämien ausbezahlt und sie wegen der Verwirklichung ihrer Lifetime-Auto-Projekte auf einen späteren Zeitpunkt vertröstet, irgendwann nach Abarbeitung der von uns definierten Prioritäten. Es hat sich dann schnell herausgestellt, dass die sogenannten Vorhersagen des Club of Rome nicht viel mehr als Fantasien waren, Möglichkeitsszenarien, die auf der Basis einer unzureichenden Datenlage konstruiert waren. Was diese sogenannte Limits-to-Growth-Studie außerdem außer Acht gelassen hat, war die auch damals schon vorstellbare exponentielle Erweiterung unserer Möglichkeit zur Ausbeutung von zu diesem Zeitpunkt noch unzugänglichen Rohstofflagern unseres Planeten, wie sie dann ja auch sehr schnell Wirklichkeit geworden ist. Die furchterregenden Prognosen über die bevorstehende Verarmung der Menschheit haben sich jedenfalls allesamt nicht bewahrheitet. Bis zum heutigen Tag, ein halbes Jahrhundert nach dem Erscheinen dieser Science-Fiction-Studie, gibt es jedenfalls keine Knappheit wovon auch immer, außer wenn wir selbst sie aus markttechnischen oder strategischen Gründen gezielt herbeiführen. So ist dieser ganze White-Dot-Unfug, der unsere Industrie und wahrscheinlich sogar unser ganzes Wirtschaftssystem ruiniert hätte, sehr schnell wieder vergessen worden. Es hat dann bald auch niemanden mehr gekümmert, dass die Einsparungen, die wir durch technische Verbesserungen erzielt haben, nicht zu einem geringeren Verbrauch von Ressourcen geführt haben, sondern zu einem höheren. Den technischen Fortschritt haben wir nämlich genützt, um unsere Autos größer, leistungsstärker und schneller zu machen. Nur so können wir im Wettbewerb bestehen, hohe Preise erzielen und unsere Wirtschaft am Laufen halten. Alles andere hätten uns unsere Shareholder auch gar nicht erlaubt. Da aufs Bremspedal zu treten, das hätte kein CEO überlebt, und würde auch heute keiner überleben. Ganz abgesehen davon, haben wir alle in den vergangenen fünfzig Jahren sehr gut von diesen richtigen Entscheidungen gelebt, genauso gut, wie wir auch heute von ihnen leben. Es gibt deshalb gar keinen vernünftigen Grund, jetzt wiederum mit diesen sinnlosen Nachhaltigkeitsdebatten anzufangen. Genauso wenig, wie es ihn vor fünfzig Jahren gegeben hat. So oder so sind unsere Autos schon jetzt im Schnitt zehn Jahre lang auf den Straßen unterwegs, bevor sie endlich auf dem Schrottplatz oder irgendwo in Bulgarien oder in Afrika landen, wo sie spätestens nach fünf Jahren hingehören, wenn man mich fragt. Wir können da noch viel lernen von den Kollegen in der IT-Branche oder bei der Telekommunikation.

Aber bei uns soll das gerade umgekehrt laufen, wenn es nach unseren Ingenieuren geht. Wie gesagt, ich hätte das nicht geglaubt, aber vor einem Jahr sind unsere Entwicklungsabteilungen wieder mit diesen Our-Cars-for-a-Lifetime-Ideen, dahergekommen. Und zwar mit ziemlich präzisen Plänen, bestimmt ein ganzes Stück ausgefeilter als vor fünfzig Jahren, aber für die Wirtschaft genauso ruinös wie damals. Man fasst es nicht: Das White-Dot-Problem ist zurück. Natürlich ist die Sache irgendwie in der Luft gelegen. Die Club-of-Rome-Leute haben zwar mit keiner ihrer Prognosen recht behalten, aber diese wirtschaftsfeindliche Sekte gibt freilich trotzdem nicht auf. Jetzt haben sie auch einen mächtigen Hebel. Naturkatastrophen, Artensterben, Erderwärmung, das spielt ihnen natürlich perfekt in die Karten. Aber im Grund ist das alles auch nichts anderes als die Nummer mit der Erschöpfung der Ressourcen in den 1970ern. Das sind einfach technische Probleme, die mit den Mitteln des technischen Fortschritts gelöst werden müssen. Die Voraussetzung dafür ist aber, dass die Wirtschaft floriert, und deshalb muss gearbeitet, produziert, gekauft und eben auch verbraucht werden, und zwar nicht weniger als bisher, sondern mehr. Deshalb arbeiten wir seit den Wirtschaftswunderjahren in den 1950ern und den 1960ern daran, die Leute von ihren überkommenen Sparsamkeitstick abzubringen. Pflegen, Ausbessern, Reparieren, Aufbewahren, Weitergeben – das ist alles Gift für die Wirtschaft. So etwas wie Gebrauchsgüter sollte es eigentlich längst nicht mehr geben. Auch ein Auto muss ein Konsumartikel sein, der im Idealfall nach zwei Jahren durch das neueste Modell ersetzt wird. So funktioniert unsere Wirtschaft. Davon verstehen die Kolleginnen in den Entwicklungsabteilungen natürlich nichts. Müssen sie auch gar nicht, wenn sie sich nur einfach auf das beschränken wollten, wofür wir sie angestellt haben. Sie sollen wenigstens jedes zweite Jahr mit irgendeiner Neuerung auf den Markt kommen, die man nicht so einfach in die alten Kisten einbauen kann, so dass die Leute einen handfesten Grund haben, ihre Oldtimer wenigstens alle fünf Jahre einmal einzutauschen. Leider kommen unsere Ingenieure heute von Universitäten, wo sie von Nachhaltigkeitsaposteln unterrichtet werden, die uns am liebsten noch die Vererbung der Konfirmandenanzüge der Großväter auf die Enkelsöhne gesetzlich vorschreiben würden.

Das White-Dot-Problem, das wir jetzt haben, ist deshalb wesentlich schlimmer, als es vor fünfzig Jahren war, weil es für unsere Entwicklungsabteilungen eine Glaubenssache geworden ist. Damals wollten die Autobauer etwas tun für den technischen Fortschritt, für das Unternehmen, für den Standort, für unsere Wettbewerbsfähigkeit. Das war recht leicht in den Griff zu bekommen, weil wir ihnen dafür genug andere Spielwiesen eröffnen konnten, auf denen sie sich haben austoben können, ohne dabei unsere Verkaufszahlen in den Keller zu fahren. Heute wollen die im Grund genau das: weniger herstellen, weniger verkaufen und natürlich weniger arbeiten, wegen der Work-Life-Balance. Das sind Sektierer, denen an unserer Industrie nicht viel gelegen ist. Die wollen die Welt retten, und wenn zwischen einem wirtschaftswichtigen Straßenbau und irgendeinem seltenen Grottenolm entschieden werden muss, sind die immer für den Grottenolm. Solche Leute kann man auch nicht mehr mit interessanten neuen Aufgaben ruhigstellen. Mittlerweile sind wir an einem Punkt angelangt, an dem wir die lieben Kolleginnen und Kollegen leider mit ziemlichem Nachdruck an ihre Verträge und an die Rechtsfolgen ihrer Verletzung haben erinnern müssen. Erstens gehören alle ihre Erfindungen uns, und zweitens haben sie strengste Verschwiegenheit über alles zu wahren, was ihre Arbeit auch nur im Entferntesten betrifft. Wer sich über diese Klauseln hinwegsetzt, bekommt in diesem Leben keinen Fuß mehr auf Boden. Das machen unsere Anwälte jedem unserer Angestellten klar, der auf dumme Ideen kommt. Rechtzeitig, damit sich da keiner ins Unglück stürzt.

Es ist nicht so, dass ich das idealistische Anliegen nicht verstehe, und natürlich sehe ich die guten und ehrenwerten Absichten unserer jungen engagierten Mitarbeiter. Das sind lauter liebe Menschen. So geht es aber leider nicht, wenn wir die Dinge realistisch betrachten. Denn eine Tatsache steht fest: Wir werden mehr produzieren, und deshalb auch mehr arbeiten müssen, nicht weniger, wenn wir das Wirtschaftssystem erhalten wollen, das uns dorthin gebracht hat, wo wir heute sind.

Die Thesen des Doktor Mallinger

In dem uns ein Partisan der Entlastung der Menschen vom Arbeitsdruck vorgestellt wird und wir seine geborgten Thesen kennenlernen.

Den Doktor Mallinger, der mir so sehr geholfen hat, die verborgenen Ursachen der Leiden so vieler meiner Klienten zu sehen, kann man nicht verstehen, wenn man keinen Sinn fürs Prinzipielle hat. Seit er denken konnte, war sein Leben orientiert am Grundsätzlichen und gerade die kleinen, scheinbar unbedeutenden Erscheinungen waren dem Doktor ein untrügliches Zeichen für die Entwicklungen im Großen und Ganzen, vor allem dann, wenn diese in eine besorgniserregende oder sonstwie verkehrte Richtung wiesen. Wie der Biologe aus dem Vorkommen von Anzeigerpflanzen, kleinen Blättchen oder winzigen Halmen, weitreichende Schlüsse über die Beschaffenheit des Bodens ziehen kann, aus dem sie wachsen, so sah der Doktor in Vorkommnissen, die jeden anderen nur kurze Zeit beschäftigt hätten, deutliche Signale für Veränderungen im Grundlegenden – und sehr oft keine guten. Wenn ihm da etwas begegnete, das ihm missfiel, und zumal dann, wenn die Begegnungen mit demselben irritierenden Phänomen sich zu häufen begannen, hatte, wer immer dem Doktor im geeigneten Augenblick über den Weg lief, gute Chancen, auf die harmlose Frage nach dem werten Wohlbefinden eine Tirade wie die folgende zur Antwort zu bekommen:

Besonders widerwärtig sind die Kerle, die schon in den frühen Vormittagsstunden aus den in den Kaffeehäusern aufliegenden Zeitungen ganze Seiten entfernen und damit nicht nur das Etablissement, sondern auch eine unbestimmte Anzahl von im Lauf des Tages an der Lektüre interessierten Gästen bestehlen. Die morgendliche Verübung des unfreundlichen Aktes steigert seinen asozialen Charakter ins Aggressive. Der für die Tat gewählte Zeitpunkt, dazu angetan, die Zahl der Geschädigten in lichte Höhen zu treiben, macht es schwer, an eine bloße Äußerung von rücksichtslosem Egoismus zu glauben und nicht auf den Verdacht einer aus grundsätzlicher Menschenfeindlichkeit begangenen vorbedachten Bosheit zu verfallen. Bei nüchterner Betrachtung des Anlassfalles scheint der wütende Ärger, der einen wegen der Privatisierung von ein paar dem allgemeinen Gebrauch zugedachten Zeitungsseiten befällt, natürlich immer unverhältnismäßig. Tatsächlich aber gibt es eine ganze Reihe von guten Gründen für den rasenden Zorn, der den verhinderten Leser in seiner spontanen Enttäuschung über das Fehlen der zumeist auf der ersten Seite groß angekündigten Textbeiträge unausweichlich befällt.

Moralisch und intellektuell gesehen handelt es sich bei diesem, wie bei den meisten Fällen von Privatisierung um ein Kapitalverbrechen. Vor dem Gesetz hingegen ist der kriminelle Akt nichts weiter als eine nicht verfolgbare Bagatelle. Der Cafetier, der einen ertappten Zeitungsvandalen mit der wohl verdienten Dachtel auf den Pfad sozialer Tugend weisen wollte, sähe sich für solch lobenswerte exemplarische Hinweisung des unwürdigen Gastes mit empfindlicher gerichtlicher Sanktion belegt, während der eigentliche Delinquent auch im Fall seiner zweifelsfreien Überführung von Seiten der staatlichen Autorität nicht das Geringste zu befürchten hat. Dazu kommt, dass die Aufklärungsquote in diesem besonders ärgerlichen Bereich der Kleinkriminalität gegen null tendiert. Die Typen haben eine staunenswerte Fertigkeit im vollkommen geräuschlosen Zerreißen von Zeitungspapier entwickelt und verstehen es, selbst die ausladenden Doppelseiten des deutschen Großfeuilletons unauffällig und mit minimalem Bewegungsaufwand auf Postkartenformat zu falten und sie in den Rocktaschen ihrer Sakkos verschwinden zu lassen.

Wird man als Gast Zeuge einer solchen schamlosen Aneignung gedruckten geistigen Gemeinguts, sieht man sich vor die Wahl zwischen drei allesamt unattraktiven Möglichkeiten gestellt. Man kann den unverschämten Lümmel direkt konfrontieren, sich in der Art eines petzenden Schulbuben an die Autorität des Cafetiers wenden, oder seinen Grimm mit zusammengebissenen Zähnen schweigend hinunterschlucken. Gewöhnlich entscheidet man sich für die letzte dieser drei gleichermaßen unbefriedigenden Optionen, trinkt seinen Kaffee aus, zahlt und verlässt, mühsam an sich haltend, innerlich aber schäumend vor Wut, den Tatort.

Der hilflose Zorn des Geschädigten wird aber nicht nur durch das schreiende Missverhältnis zwischen der Atrozität der Tat und ihrer evidenten Risikolosigkeit befeuert. Der Schmerz, den das empfindsame Gemüt angesichts der lächerlich erscheinenden Übertretung empfindet, wurzelt tiefer. Wer sehen kann und will, erkennt in dem scheinbar harmlosen Vergehen der Privatisierung von ein paar Zeitungsseiten sehr leicht einen Anwendungsfall jenes Prinzips, das für das Verhalten des modernen Menschen im globalisierten Norden lebensbestimmend geworden ist und sich unter dem Titel der wirtschaftlichen Vernunft gerade anschickt, die Grundlagen des Lebens auf unserem Planeten zu zerstören. Der die Seelen vergiftende Grundsatz besagt, dass jeder von allem für ihn Erreichbarem ohne jede Rücksicht nehmen soll – so viel er will und irgend kann. In das freie Spiel der gewaltigen Kräfte, die da zutage treten werden, solle sich die übergeordnete Autorität staatlicher Gemeinschaft nur im äußersten Notfall einmengen. Wenn diese beiden Bedingungen zusammentreffen, dann würden die nur auf den eigenen Vorteil gerichteten Aktivitäten von acht Milliarden Individuen, ungeachtet ihrer von jeder Rücksicht freien Ziellosigkeit, einem geheimnisvollen und in seiner Wirkungsweise nicht erklärbarem Mechanismus folgend dem besten Nutzen der gesamten Menschheit und allen Lebens überhaupt dienen.

Der Doktor Mallinger stammte aus einer anderen Zeit und glaubte an derlei alchemistischen Unfug natürlich nicht. Der Aufstieg der bizarren Irrlehre zur weltbeherrschenden Wirtschaftsdoktrin hatte ihren Anfang genommen, als Mallinger schon ein junger Mann gewesen war, erfüllt von dem Glauben an die Begabung des Menschen zu sozialem Verhalten, und erfüllt auch von der Überzeugung, dass die Kultivierung, die Hege und Pflege, die gezielte Beförderung eben dieser Begabung die vornehmste und dringlichste Aufgabe jeder menschlichen Gemeinschaft sei. Ihm bedeutete es weder Mühe noch Verzicht, sein eigenes Tun und Lassen an eben dieser Überzeugung auszurichten, es war ihm dies vielmehr sein natürlichstes Bedürfnis, und eine unbefugte Entnahme von Teilen der in den Kaffeehäusern ausliegenden Zeitungen war von ihm schon aus diesem Grunde nicht zu befürchten. Ganz im Gegenteil wurde der der Allgemeinheit zugedachte Lesestoff von ihm sogar gemehrt, oder zumindest sah er selbst das so, wenn er mit einem dicken Bleistift mit weicher Mine, den er hauptsächlich zu diesem Zweck stets mit sich zu führen pflegte, einzelne Artikel mit Hinweisen und Anmerkungen versah, die nur sehr selten als Ausdruck der Zustimmung gewertet werden konnten. Diese Randnotizen waren zumeist sehr knapp gehalten, häufig beschränkten sie sich auf freistehende Interpunktionen, unter denen das schwungvoll, oft in mehrfacher Wiederholung hingesetzte Fragezeichen den vordersten Platz einnahm. Unter den verbalen Marginalien Mallingers kam dieser Rang einem bunten Strauß von Invektiven zu, die in zwei deutlich unterschiedene Gruppen zerfielen. Während die Insulte, mit denen vornehmlich den Autoren inkriminierter Texte mangelnde intellektuelle Satisfaktionsfähigkeit attestiert wurde, dem gängigen Sprachschatz zugehörten, entstammten die meisten dem politischen Personal zugedachten Bezeichnungen, mit welchen die sittliche und moralische Verworfenheit ihrer Objekte gegeißelt werden sollte, dem Vokabular einer versunkenen Zeit. Es wimmelte da von Schurken, Spitzbuben,

Tunichtguten, Mordbrennern, Hanswursten und Haderlumpen, Erscheinungen, denen man außerhalb des Mallinger'schen Wirkungskreises sonst nur noch in Spezialvorlesungen germanistischer Seminare zu begegnen hoffen durfte. Über die Gründe, die den Doktor zu so strenger linguistischer Scheidung veranlassten, kann nur gemutmaßt werden. Wahrscheinlich war er sich da selber gar nicht wirklich im Klaren und folgte nur einem Instinkt, einem Gefühl, das ihm sagte, die Begriffe Sitte und Moral selbst seien so gestrig und ihre Anmahnung in einer Weise aus der Zeit gefallen, dass sie nur unter Gebrauch eines gleichermaßen antiquierten Repertoriums von abgekommenen Begriffen in adäquater Art geschehen könne.

Jedenfalls beließ es der Doktor zumeist bei durchaus einsilbiger Rüge, die er durch tadelnde Interpunktion oder altbackenes Scheltwort zu erteilen pflegte. In der Mehrzahl der Fälle fand er das vollkommen ausreichend, weil ihm die solcherart reklamierten Verfehlungen so offenkundig schienen, dass eine argumentierende Erläuterung seiner Ordnungsrufe unterbleiben konnte. Wenn er sich aber doch gelegentlich herbeiließ, den Grund seiner Beanstandung in ein oder zwei kurzen, galligen Sätzen zu formulieren, dann bedeutete das gewissermaßen den Ritterschlag für den betroffenen Autor, dessen wenngleich irriger Haltung auf diese Art doch immerhin jenes Mindestmaß an sachlicher Nachvollziehbarkeit zugebilligt wurde, welches die unverzichtbare Bedingung ist, ohne deren Erfüllung jeder Versuch einer diskursiven Auseinandersetzung ins Leere gehen muss. War aber ein dergestalt kritikfähiger Beitrag einmal gefunden, dann konnte man den Doktor Mallinger schleunigen Schrittes die Stadt durcheilen sehen auf seinen Wegen von einem Kaffeehaus ins nächste, weil er es diesfalls für seine Aufgabe hielt, möglichst viele Leser vor dem Fall in die Stricke einer trügerisch einleuchtenden Argumentation für ein vollkommen verfehltes Anliegen zu bewahren.

Natürlich war das eine Schrulle, die man aber einem einsamen alten Mann, wie der Doktor einer war, gerne nachsehen wollte. Alt geworden war er erst in den letzten Jahren, mit zunehmender Schnelligkeit allerdings, einsam jedoch war er schon seit langem gewesen, seit seinem dreiundvierzigsten Jahr, in dem er seine geliebte Ehefrau an eine heimtückische Krankheit verloren hatte. Es war wohl wegen der für ihn unüberwindlichen Anhaftung an diese einzige große Liebe seines Lebens, dass keiner seiner späteren Versuche, noch einmal Glück und Seelenfrieden in der Gemeinschaft mit einer neuen Gefährtin zu finden, dauerhafter Erfolg beschieden war, und so war er denn allein geblieben. Der schmerzhafte Wandel seines Personenstandes hatte auch das Wesen des Doktors an mancher Stelle ins Rutschen gebracht. Nach und nach machten sich Züge an ihm geltend, die zuvor nicht vorhanden gewesen oder wenigstens nicht bemerkbar geworden waren. Das allmähliche Wegdriften des Doktors aus den konsensual abgesicherten Bereichen bürgerlicher Konvention in sehr freie und offene Gefilde wurde auch durch sein weiterhin tadelloses Funktionieren in allen Belangen des Alltags und insonderheit in der Erfüllung seiner beruflichen Obliegenheiten auf das Vollkommenste camoufliert. Äußerlich ganz und gar angepasst, entfernte er sich innerlich immer weiter von einem Betrieb und einer Betriebsamkeit, deren Ziellosigkeit mit ihren immer mehr spürbar werdenden desaströsen Auswirkungen ihn mit Sorge und Kummer erfüllten.

Hineingeraten war er in das Getriebe in jungen Jahren, als Absolvent der Hochschule für Welthandel, wie sich die spätere Universität für Wirtschaftswissenschaften damals noch genannt hatte, den Charakter der angebotenen Ausbildung und ihren Gegenstand bescheidener, und beide wohl auch ehrlicher und zutreffender bezeichnend. Versehen mit dem handfesten Rüstzeug einer auf das Praktische und Brauchbare gerichteten Formation hatte der junge Akademiker in der Verwaltung des größten Theaterkonzerns Europas angeheuert. Der Unternehmensgegenstand kam seinen privaten Neigungen entgegen, denn anders als seine Studienwahl hätte vermuten lassen, gehörten diese allem Vagen, Spekulativen, Philosophischen und Poetischen. Die Idee eines weltumspannenden Eros, einer goldenen Ära von geschwisterlicher Liebe und Gerechtigkeit hatten Mallinger schon als Schüler begeistert, und der Ort, an welchem der lebendige Funke das Feuer in der empfänglichen Seele des Gymnasiasten entzündet hatte, waren die Bühnen der städtischen Theater gewesen. Ihre Dichter waren ihm die Fackelträger einer besseren Welt, und wenn sein Mut und wahrscheinlich auch seine Begabung für einen echten Theaterberuf nicht ausgereicht hatten, so war er doch auf seine Weise in den Dienst der Bühnenkunst getreten, um auf diese Art am Gedeihen einer Institution mitzuwirken, an deren Bedeutung er keinen Zweifel hegte. In dieser war er schnell aufgestiegen und nach dem ziemlich abrupten Wechsel seines Vorgesetzten in die lukrativere Filmbranche war er in sehr jungen Jahren zum Leiter der Personalabteilung des gesamten Konzerns bestellt worden. Von diesem erhöhten Sitz aus hatte er über einen Zeitraum von beinahe vier Jahrzehnten hinweg die Entwicklung der Arbeit, die Veränderungen der Arbeitswelt und den Wandel im Arbeitsleben der Menschen hautnah beobachten können. Die zuversichtlichen Erwartungen und die hochfliegenden Hoffnungen, von denen der junge Doktor am Beginn seiner durchaus glänzenden Laufbahn bewegt gewesen war, hatten sich freilich allesamt nicht erfüllt: *Doktor*, denn Mallinger hatte sich nicht mit dem in der kürzestmöglichen Studiendauer erworbenen Grad eines Diplomkaufmanns begnügt. Nicht etwa, weil ihm an einem Doktortitel viel gelegen gewesen wäre. Es war ihm um ein tiefergreifendes theoretisches Verständnis des gesamten Wirtschaftsbetriebs zu tun gewesen, um ein gesichertes Fundament, auf welchem er festen Stand fassen wollte, um von solch solider Basis aus seinen Beitrag für eine bessere Zukunft leisten zu können.

Als Thema seiner Dissertation hatte er einen damals schon berühmten Aufsatz des britischen Ökonomen John Maynard Keynes aus dem Jahr 1930 gewählt. Unter dem Titel *Economic Possibilities for our Grandchildren* hatte Keynes einen weiten Blick in eine ferne Zukunft getan und vorhergesagt, dass in einhundert Jahren, also im Jahr 2030, jedermann sich in einer durchschnittlich acht Mal besseren wirtschaftlichen Lage als der damaligen befinden würde, und das bei einer Normarbeitszeit von nicht mehr als fünfzehn Wochenstunden. Fünfundvierzig Jahre nach dem Erscheinen des in der tiefsten ökonomischen Depression des Kontinents zum Optimismus aufrufenden Traktats begann Mallinger mit den Recherchen für seine Doktorarbeit, in der er die kühnen Vorhersagen des legendär gewordenen Textes auf den akademischen Prüfstand einer mit den Methoden der Wissenschaft geführten Untersuchung stellen wollte. Was war auf beinahe halbem Wege bis zum Prognosedatum bereits erreicht? Wie sehr hatten sich die wirtschaftlichen Verhältnisse der auf den monatlichen Ertrag ihrer Arbeitsleistung angewiesenen Menschen schon verbessert? Wie weit hatte sich die von einem Erwerbstätigen zu tragende Arbeitslast verringert? Und wie standen die Chancen für die Erreichung des großen Zieles im Jahr 2030, in dem ein sehr bequemes, ja geradezu luxuriöses Auskommen für alle mit einem Arbeitsaufwand von nicht mehr als fünfzehn Stunden pro Woche gesichert sein sollte?

Das waren die Fragen, denen der Dissertant nachgehen wollte, und die Zeichen standen, wie er am Ende einer zweijährigen Recherche resümierte, nicht schlecht. Denn nur dreißig Jahre nach dem Ende des vorläufig verheerendsten Krieges der Menschheitsgeschichte, war in weiten Teilen Europas ein bis dahin ungekannter Lebensstandard für die breite Bevölkerung erreicht – und das bei ständig sinkender Arbeitszeit. Zuletzt war, selbstverständlich gegen den erbitterten Widerstand der Interessensvertretungen von irregeleiteten Unternehmern und Industriellen, die 40-Stunden-Woche als Normarbeitszeit gesetzlich fixiert worden. Dennoch gab es keine Anzeichen für das bevorstehende Ausgehen der Lichter oder das Eintreten katastrophaler Schäden für den Wirtschaftsstandort, wie sie von einer nimmermüden Funktionärsclique als unausweichliche Folgen jeder Entlastung der erwerbstätigen Menschen durch eine Verkürzung ihrer Arbeitszeit vorhergesagt worden waren. In auffallendem Gegensatz zu diesen düsteren Vorhersagen wuchsen die Wirtschaft und die Einkommen der Haushalte, trotzdem die meisten Arbeitsstätten jetzt nicht nur sonntags, sondern auch an den Samstagen geschlossen blieben, und dass mit der 40-Stunden-Woche die Möglichkeiten einer weiteren Entlastung der Menschen vom Arbeitsdruck noch lange nicht ausgeschöpft waren, dafür sprach auch der weiterhin rasante Fortschritt in allen Bereichen der Technik. Eine baldige weitere Reduktion der für die sehr komfortable Versorgung aller Menschen mit allen nur wünschbaren Gütern erforderlichen Arbeitsleistung stand also nicht nur zu hoffen, ihr unmittelbares Bevorstehen schien sogar mehr als wahrscheinlich, und dies bei gleichbleibender oder sogar wachsender Produktion. Das von ihm akribisch zusammengetragene Tatsachenmaterial hatte Mallinger in einer großen Menge von Zahlentabellen und Grafiken anschaulich gemacht, und seine auf dieser festen Grundlage angestellten Berechnungen zeigten deutlich, wie weit sich Wirtschaftsleben und Arbeitswelt schon in die von Keynes vorhergesagte Richtung entwickelt hatten, und dass eine gute Strecke auf dem Weg zur Sicherung eines allgemeinen Wohlstands bei wesentlich verringerter Arbeitsbelastung bereits zurückgelegt war. Unter Zugrundelegung aller übersichtlich aufgelisteten und mit reichem Zahlenmaterial dokumentierten Tatsachen kam Mallinger zu dem Schluss, dass im Jahr 2030 die gesetzliche Regelung einer Normarbeitszeit zwar nicht von fünfzehn, aber immerhin von achtzehn Stunden erreichbar sein müsse, und dass dieses Wochensoll vollkommen ausreichend sein würde für die Sicherung eines im Vergleich mit 1930 acht Mal höheren Standards der für jeden Menschen verfügbaren Güter und Dienstleistungen.

Seine Prognose stellte Mallinger allerdings unter den Vorbehalt von zwei ihrem Charakter nach höchst unterschiedlichen Bedingungen. Die erste betraf die Dynamik des zu erwartenden Fortschritts der Technik und das Ausmaß, in welchem weitere Innovationen in diesem Bereich die Arbeit von Menschen würden ersetzen können. Für die Beantwortung dieser Fragen gab es eine große Menge an belastbarem Datenmaterial. Alle auf diesem Material beruhenden Berechnungen der Wirkung einer auch nur gleichbleibend schnellen Weiterentwicklung von Techniken, die die Arbeitsproduktivität steigerten, zeigten, dass die im Jahr 1930 noch utopisch und fantastisch anmutenden Vorhersagen von Keynes zumindest sehr nahe an das im Jahr 2030 mit großer Wahrscheinlichkeit tatsächlich Verwirklichbare herankamen. Ob und in welchem Ausmaß die technischen Verbesserungen der Arbeitsvoraussetzungen nun aber zu einer tatsächlichen Befreiung der Menschen von großen Teilen der von ihnen zu tragenden Arbeitslast, und dies vielleicht sogar noch bei gleichzeitiger Mehrung der für alle erreichbaren Güter und Dienstleistungen führen würde, hing nun freilich von der Erfüllung einer zweiten Bedingung ab, über deren Eintreten oder Nichteintreten mit wissenschaftlicher Methode schlichtweg nichts vorhergesagt werden konnte, die Mallinger aber ohnedies für selbstverständlich gegeben ansah, und die er gewissermaßen auch nur der Vollständigkeit halber, in Form eines *caveat*, eines nur der besonderen Vorsicht halber angemerkten Vorbehalts, seiner mathematisch belegten Beweisführung anfügte. In Wahrheit betrat er hier aber das Feld der reinen Spekulation, der vagen, durch nichts begründeten Annahmen, wenn er, formal auf vier Seiten, dem Gewichte nach aber quasi in einem kurzen Nebensatz die Bemerkung anfügte, dass die vorhergesagte Entlastung der Erwerbstätigen nur dann eintreten werde, wenn bei der Nutzung und Verteilung der durch den technischen Fortschritt frei oder gar gänzlich neu verfügbar gewordenen Ressourcen mit Augenmaß und Vernunft vorgegangen werden würde.

Der Universitätsprofessor DDr. Harald Weber las diese kleine Einschränkung in der Arbeit seines definitiv letzten Doktoranden lächelnd und mit Rührung. Mit Augenmaß und Vernunft, das war wirklich sehr schön gesagt. Weber stand kurz vor der Emeritierung und den Kandidaten darauf hinzuweisen, dass eben diese kleine Voraussetzung für das Eintreffen seiner Vorhersage die ganze Prognose wertlos machte, wäre ihm taktlos und im akademischen Kontext auch vollkommen überflüssig erschienen. In allen Bereichen nämlich, in denen mit wissenschaftlicher Methode ein Blick in die Zukunft gewagt werden durfte, und wo aus überprüfbaren Daten auf anerkanntem Wege korrekt deduziert werden konnte, war Mallingers Arbeit über jeden Zweifel erhaben. Einzig darauf kam es bei der Beurteilung einer Dissertation an. Ob die Meinungen des Kandidaten über Unwägbarkeiten wie das künftige Obwalten von Augenmaß und Vernunft zutreffend waren oder nicht, konnte hingegen auch dann außer Acht bleiben, wenn eben diese Unwägbarkeiten für die faktische Tragfähigkeit einer theoretisch einwandfrei argumentierten These entscheidend waren. Der Professor Weber hatte darum keine Bedenken, die zum Erwerb des Titels eines Doktors der politischen Ökonomie vorgelegte Arbeit zu approbieren, und es bedeutete ihm eine besondere Freude, seiner Approbation mit gutem Gewissen die Qualifikation summa cum laude anfügen zu können.

Als der Doktor Mallinger im Jahr 2015 in den Ruhestand trat, waren alle von ihm vierzig Jahre zuvor getroffenen Vorhersagen vollinhaltlich eingetroffen, soweit sich diese auf die Entwicklung der Technik und ihre Eignung zur Einsparung menschlicher Arbeit bezogen hatten. Die letzte nennenswerte Reduktion der Normarbeitszeit hingegen lag zu diesem Zeitpunkt ebenfalls vierzig Jahre zurück. Sie war in dem Jahr erfolgt, in dem der Diplomkaufmann Mallinger seine Doktorarbeit zur Begutachtung eingereicht hatte.

Kapitel VII
Theodora Denk

In dem wir eine engagierte Lehrerin kennenlernen, die an der Aufgabe verzweifelt, ihre Schüler ehrlich über den Zweck der Arbeit aufzuklären und sie gleichzeitig für diese zu begeistern.

Es sind jetzt vierzig Jahre, dass ich in Klassenzimmern stehe und unterrichte. Ich habe das immer gerne getan. Ich bin Lehrerin mit Leib und Seele, und als ich ein Jahr vor dem Stichtag für meinen Pensionsantritt von meiner Direktorin gefragt worden bin, ob ich wegen des akuten Personalmangels nicht noch bleiben wolle, hat mich das gefreut. Natürlich habe ich Ja gesagt. Ich mache also weiter, aber es bedrückt mich immer mehr, dass ich auf die dringlichsten Fragen meiner Schülerinnen und Schüler immer weniger zu antworten weiß. Als Lehrerin soll ich die mir anvertrauten jungen Menschen auf das Leben vorbereiten. Da geht es vor allem um Sozialisierung und Orientierung. Wissensvermittlung, welche die meisten für den Zweck der Schule halten, ist nicht viel mehr als der Vorwand, unter dem die neue Generation auf die Funktionsprinzipien der alten eingeschworen wird. Wenn ich an diese Prinzipien denke, wenn ich mir bewusst mache, wie die wirkmächtigen Grundsätze beschaffen sind, die das Leben in unseren modernen Gesellschaften heute tatsächlich bestimmen, dann weiß ich gar nicht, was ich den jungen Leuten sagen oder gar raten soll, ganz allgemein nicht, und am wenigsten dann, wenn es um Fragen ihres Eintritts in das Arbeitsleben geht, für die ich leider fachzuständig bin.

Deutsch war mein erstes Fach, das mir als junge Lehramtskandidatin viel wichtiger schien als meine zweites, Geografie und Wirtschaftskunde. Das sehe ich heute nicht mehr ganz so. Nicht, dass ich die nie ausdrücklich deklarierte, allmähliche Änderung des

Auftrags unserer Schulen begrüßen würde. Der Verzicht auf Bildung zugunsten von Ausbildung und die Rückstufung des Geistigen hinter das Praktische sind keine Konzepte, die ich unterstütze. Aber ich sehe, welcher Notwendigkeit mit der Konzentration auf die sogenannten MINT-Fächer begegnet werden soll: Mathematik, Informatik, Naturwissenschaften, Technik. Meine Generation hat es versäumt, die Zukunft fit zu machen für unsere Enkel. Darum müssen wir jetzt alles daran setzen, unsere Enkel fit zu machen für jene Zukunft, in der sie werden leben müssen, weil wir keine andere für sie vorbereitet haben.

In dieser Zukunft überhaupt existieren zu können, wird große Geschicklichkeit und enorme Anstrengung erfordern. Bildung, die diesen Namen verdient, wird bei der Bewältigung ihrer Anforderungen und für das Bestehen im immer schärfer werdenden Wettbewerb keine große Rolle spielen. Welchen Wert sollte Bildung auch haben, die im Gegensatz zur Ausbildung keinem praktischen Zweck folgt und lediglich darauf abzielt, durch die abstrakte Weitung des geistigen Horizonts genau jene Art von Freiheit zu gewähren, für deren Nutzung im Leben der Zukunft nicht mehr viel Raum sein wird? In dieser Zukunft überhaupt existieren, sich gegen die Menge der von einem beruhigenden Sprachgebrauch zu Mitbewerbern verharmlosten Konkurrenten durchsetzen zu können, wird ganz andere Fertigkeiten und Fähigkeiten brauchen als jene, die durch Bildung erworben werden können, und es wird vor allen anderen Dingen Arbeit verlangen, sehr viel Arbeit. Unsere Kinder werden nicht weniger arbeiten, als wir das gewohnt waren, sondern mehr. Weil auf wundersame Weise die Arbeit mit jedem Hilfsmittel, das erfunden wird, um sie uns abzunehmen, immer mehr wird. Das erzeugt Widerstand. Vor allem die jungen Leute, die ich in der Schule unterrichte, zeigen wenig Lust, den größeren Teil ihrer Lebenszeit mit Arbeit zuzubringen. Wie es scheint, finden das alle sehr erstaunlich, außer mir. Erstaunlich scheint mir gerade das Gegenteil, nämlich dass die Überhöhung der Arbeit zum einzig

Theodora Denk

sinnstiftenden Lebensinhalt gelungen ist. Wie das geschehen konnte, ist vollkommen unerklärlich, wenn man bedenkt, dass die Verherrlichung der Arbeit gegen eine uralte und verfestigte Tradition durchgesetzt werden musste. Arbeit ist über Jahrhunderte hinweg als die niedrigste unter allen überhaupt denkbaren Tätigkeiten angesehen worden, eines freien Menschen unwürdig, eine Last, die nur Sklaven und Knechten aufgebürdet werden durfte. Natürlich ist es gut, wenn Wert und Adel der Arbeit heute anerkannt sind, und wenn vor allem den Menschen, die sie verrichten, mit der ihnen gebührenden Achtung begegnet wird. Dass aber das Pendel von der ungerechten Verachtung ins andere Extrem ausgeschlagen hat, hin zu einer durch nichts gerechtfertigten Vergötzung, ist eine gesundheitsschädliche Verirrung. Die Denunziation eines der ersten und wichtigsten menschlichen Bedürfnisse, nämlich das Verlangen nach Ruhe, nach Innehalten, nach Befreiung von Last und Mühsal, ja von jeder Tätigkeit überhaupt, ist so erfolgreich geworden, das jedes Stillstehen als Ödnis, als Leere, als Makel und Verfehlung des eigentlichen Lebens erlebt wird, als Versagen vor den Erfordernissen und vor den Angeboten wirklicher Vitalität oder sogar als ein durchaus verächtlicher Charakterfehler, der von Psychiatern und Gerichten als Arbeitsscheu gebrandmarkt wird. Arbeitsscheu! Du meine liebe Güte! Man kann schon Scheu bekommen vor etwas, das unser ganzes Leben so lückenlos beherrscht wie die Arbeit.

Die Arbeit endet nie. Sie hört ja nur scheinbar auf, wenn einer am Abend aus dem Büro, aus der Fabrik, von seiner sogenannten Wirkungsstätte kommt, oder, fast noch schlimmer, in den Urlaub fährt, weil ja dann die beinahe noch mühevollere Aufgabe bevorsteht, den ganzen Überfluss, den wir erzeugt haben, auch noch irgendwie zu gebrauchen. Das ist im Grunde nur eine andere Form von Arbeit, unter deren Joch wir durch keine sichtbare Gewalt, sehr wohl aber durch unmerkliche Konditionierung gezwungen sind. Die Konditionierung aber erfolgt schlicht durch die stillschweigend anerkannten äußeren Verhältnisse. Sie wird von keinem Tyrannen auferlegt. Die Zurichtung des Menschen zu einem brauchbaren Glied in der Kette von immer mehr Herstellung und immer größerem Verbrauch ist der simple Erfolg der Mechanik eines sinnentleerten, aber in sich selbst vollkommen schlüssigen Wirtschaftsmodells, das von niemandem regiert wird, und das kein Ziel und keine Richtung kennt. Niemand beherrscht diese Mechanik, und dieser Niemand ist ein sanfter Despot. Er hat sich aus dem Staub gemacht ohne Spuren zu hinterlassen. Das Nichts, das von ihm geblieben ist, sind die alternativlosen Gegebenheiten, die jetzt den Raum bestimmen, in dem wir funktionieren, ein Gefängnis, dessen weitläufige Räume so sehr mit buntem Zeug aller Art vollgestopft sind, dass die ruhelos in ihnen Schaffenden gar nicht bemerken, dass es sich um ein Gefängnis handelt, solange sie nur mit einer der beiden Arten von Arbeit versorgt bleiben, in der sie ihren Lebenszweck sehen: Herstellen oder Verzehren. In dieser engen Haft sind die Kerkermeister mit den Gefangenen identisch, die Türen sind weit offen, nur kommt gar niemand auf die Idee fortzugehen, wohin auch? Ein Irrenhaus, in dem pausenlos entweder gekocht oder gegessen wird, meistens beides zugleich, und in dem sich die Ärzte von den Patienten nur dadurch unterscheiden, dass die einen in weiße Kittel, die anderen in Trainingsanzüge gekleidet sind. Ein Krankenhaus, aber keine Heilanstalt, weil hier die Ärzte keine Heilung versprechen und die Kranken keine suchen, weil die einen wie die anderen an der Quelle ihrer Leiden hängen, dem nie endenden Strom von Dingen aller Art, die vor ihrem Erscheinen auf dem Markt niemandem abgegangen sind, und die allesamt das quälende Gefühle von Sinnlosigkeit und Leere nicht verschwinden lassen, es aber doch vorübergehend betäuben, lindern und erträglich machen.

Alle Bewohner der seltsamen Anstalt aber sind geeint in drei Überzeugungen. Die erste ist, dass das Versiegen oder auch nur das etwas ruhigere Fließen der sprudelnden Quelle das ganze Haus einstürzen lassen würde. Daraus folgt als Zweites das Credo, dass

Theodora Denk

das rastlose Schaffen an ihrem Ausbau zu einem reißenden Strom die erste Bürgerpflicht ist. Das dritte und letzte Dogma aber ist, dass es ein geglücktes Leben ohne Erwerbsarbeit gar nicht geben könne. Wer als Hausfrau oder Hausmann dazu verdammt ist, unbezahlt für das Glück seiner Lieben zu sorgen, der versäumt das eigentliche Leben, das ihm an der Verkaufsbudel, im Bergwerk, als Programmierer oder als Telekommunikationstechnikerin winkt. Dieser letzte Glaube ist nichts weiter als die Kehrseite jener anderen Überzeugung, dass das Leben als solches und für sich genommen keinen Wert hat, und Wert nur und auch nur in jenem Maße bekommt, in dem andere bereit sind, für es zu bezahlen. Zu welchem Zweck aber eigentlich gearbeitet werden soll, das ist eine Frage, die so vollkommen verfemt ist, dass sie niemandem überhaupt in den Sinn kommt.

Die einfache Antwort auf die nur scheinbar einfache Frage macht natürlich die Notwendigkeit der Arbeit für die Versorgung der Menschen geltend. Aber das ist nicht einmal die halbe Wahrheit, und sie stimmt gerade für die größten Unternehmen und damit auch für die meiste Arbeit nicht. Das kann man unter anderem daran erkennen, wie viel von ihrer Produktion weggeworfen wird. Allein in den Ländern der Europäischen Union werden jedes Jahr achtundachtzig Millionen Tonnen Lebensmittel in vollkommen einwandfreiem, genießbarem Zustand entsorgt und mit ihnen die nutzlos getane Arbeit, die zu ihrer Herstellung, für ihre Verpackung, für ihren Transport und schließlich für ihren Abtransport und ihre Vernichtung notwendig war. Achtundachtzig Millionen Tonnen, das wirft man nicht einmal so eben in den Mistkübel, so dass die Zerstörung des Überschusses beinahe noch einmal so viel Arbeit macht, wie seine Herstellung. Von den ungeheuren Mengen an Kleidung, die im Wesentlichen für den Container und die Müllverbrennung produziert werden, sprechen wir da noch gar nicht, und auch nicht von den Milliarden in anderen Bereichen geleisteten Arbeitsstunden, mit deren Produktionserfolg unsere Landschaft, unsere Meere und unsere Leben sonst noch vermüllt werden. Einen sehr guten Teil aller im oder für den globalisierten Norden hergestellten Güter braucht kein Mensch, und in potenziellen Käufern das Verlangen nach Dingen zu wecken, die in Wahrheit kein Bedürfnis befriedigen, sondern im Gegenteil nur neues Begehren erzeugen, ist eine zunehmend schwierige Aufgabe, mit deren Erledigung Heerscharen von hochbezahlten Spezialisten beschäftigt sind. Das ist ein enormer Aufwand, der ebenfalls eine ungeheure Menge Arbeit erfordert, die nicht das Geringste zur Versorgung von Menschen beiträgt.

Die Frage bleibt also: *Wozu all diese Arbeit?* Ohne Zweifel braucht man die Hilfe von Fachleuten, wenn man das wirklich verstehen will. Freilich fällt diese Frage gar niemandem ein, weil die Arbeit längst nicht mehr als eine Notwendigkeit, sondern selbst so sehr als ein unbezweifelbares und jeder Kritik überhobenes Gut anerkannt ist, dass schon die unschuldige Erkundigung nach ihrem Sinn und Zweck als obsolet, wenn nicht gar als obszön und destruktiv gilt. Manchmal wird sie aber dennoch, gleichsam nebenher und gewissermaßen versehentlich beantwortet. Das geschieht so unauffällig und so ohne jeden sichtbaren Zusammenhang mit der Frage: *Wozu arbeiten?,* dass man gar nicht bemerkt, dass es genau diese Frage ist, auf die da gerade geantwortet wurde. Warum wir eigentlich so viel arbeiten müssen, das hat der Universitätsprofessor Gabriel Felbermayr vor kurzer Zeit vollkommen arglos am Beispiel von zwei börsennotierten Großkonzernen erklärt. Er sagt:»*Unternehmen wie die OMV und BASF sollen das Kapital der Aktionäre mehren und sichere, gut bezahlte Arbeitsplätze zur Verfügung stellen.*« Es ist offenkundig, dass er gar nicht bemerkt, welche Ungeheuerlichkeit er da mit geradezu naiv anmutender Selbstverständlichkeit zu Protokoll gibt. Der da spricht, ist kein böswilliger Feind des Unternehmertums, kein wütender Industriellenfresser, kein Kapitalistenhasser und niemand, der die Wirtschaft denunzieren möchte. Es ist der Direktor des Wirtschaftsforschungsinstituts, ein liebenswürdiger, kluger und besonnener Mensch, ein differenzierender Denker, ein Mann des Ausgleichs, der da mit offener Stirn und in aller Unschuld einbekennt, was die primären Aufgaben europäischer Großkonzerne und damit zugleich die hauptsächlichen Ziele eines sehr großen Teils aller tatsächlich geleisteten Arbeit sind. Und was er sagt, das gilt natürlich nicht nur für die beiden von ihm beispielhaft herausgestellten Industriegiganten in der Gas-, Öl- und Chemiebranche. Es beschreibt die zwei wesentlichen Gründe, aus denen ein großer Teil der heute in modernen Industriegesellschaften geforderten Arbeit geleistet werden muss. Der erste Zweck der Arbeit ist die Mehrung des Kapitals der Anleger. An zweiter Stelle folgt dann die Herstellung von Arbeit. Sie muss sicher sein und gut bezahlt. Gut sein, das heißt, zu irgendetwas nutze außer eben zur Mehrung des Kapitals, muss sie nicht. Die Arbeit darf, solange sie diese eine Bedingung erfüllt, auch schädlich sein, sie darf unbeherrschbare Probleme für Menschen, Tiere und Pflanzen, kurz: für das Leben auf der Erde schaffen und in Summe mehr Schaden als Nutzen anrichten. Sie darf das umso mehr, als die Frage nach ihrem Nutzen weder gestellt, noch, wenn sie denn gestellt würde, sinnvoll beantwortet werden kann, weil die dafür zuständigen Wissenschaften keine Messmethode entwickelt haben, die eine seriöse Feststellung der Nutzen- und Schadensbilanz einer bestimmten Arbeit erlauben würde. Arbeit gilt mit der größten Selbstverständlichkeit und vollkommen fraglos als nützlich, wenn sie nur Profit abwirft. Keine weiteren Fragen. Es ist deshalb nur folgerichtig und korrekt, wenn in der bündigen Darlegung des Professors über die wesentlichen Aufgaben von Unternehmen, und damit gleichzeitig über den Zweck der in ihnen geleisteten Arbeit, die hergestellten Produkte nicht einmal vorkommen, und natürlich noch viel weniger die Frage nach ihrer Qualität, nach ihrem Sinn und nach ihren Auswirkungen für das Leben auf unserem Planeten. Denn alle diese Fragen gelten ja als vollkommen ausreichend und mit positivem Ergebnis beantwortet, sobald die Produktion zweierlei leistet, sobald sie das Kapital der Aktionäre mehrt und sicherstellt, dass die Arbeit nicht weniger wird.

So. Und wenn nun die Dinge um die Bedeutung der vielen, vielen Arbeit, die jeden Tag getan werden muss, und die auch tatsächlich getan wird, so stehen – und ich fürchte, sie stehen ziemlich genau so – dann frage ich mich: Soll ich das alles meinen Schülerinnen und Schülern sagen? Und darf ich ihnen das überhaupt sagen? Jugendlichen, die ohnedies schon skeptisch genug sind gegenüber der Welt ihrer Eltern und Großeltern und allem, was sie vom Arbeitsleben so zu sehen bekommen, was sie darüber wissen oder davon ahnen. Junge Menschen haben ein sehr feines Sensorium für die Entwicklung ihrer Welt, sie registrieren alles, was sie umgibt, mit frischen, geschärften Sinnen. Sie bemerken und verstehen auch jene Dinge sehr gut, die in Lebensbereichen vor sich gehen, zu denen sie selbst vorerst noch keinen unmittelbaren Zugang haben, und ihre Urteile sind noch nicht von fraglos geglaubten Sachzwängen bestimmt und auf den Boden und in die Grenzen jener Tatsachen eingesperrt, welche die Erwachsenen für unveränderlich halten, nur weil sie unleugbar sind. Die Arbeit rangiert auf ihren dergestalt freischwingenden und annähernd grenzenlosen Skalen nicht sehr hoch, und das nicht etwa, weil sie faul, asozial oder uninteressiert wären, sondern weil sie die Zweischneidigkeit spüren, die in aller Arbeit liegt, die unter den Bedingungen des herrschenden Verständnisses von Wirtschaft getan wird. Auch wenn sie ihre Wahrnehmung nicht stringent begründen und schon gar nicht exakt erklären können, so fühlen sie doch, genau und richtig, dass die Arbeit nicht nur zum Guten ist, dass man der Sache keineswegs bedingungslos trauen kann, und dass man sie mit Vorsicht angehen muss.

Nicht sehr viel von dem, was ich ehrlicherweise über die Arbeit sagen kann, ist dazu angetan, in jungen Menschen die Begeisterung für die Mitwirkung an dieser Veranstaltung zu wecken, weil hinter

Theodora Denk

dem für junge Menschen deutlich spürbaren Missbrauch, der mit der Arbeitskraft getrieben wird, die große und gute Bedeutung der Arbeit immer mehr verschwindet. Immer weiter tritt der gute Sinn der Arbeit zurück hinter den Unsinn der Mehrung des Kapitals derer, die ohnedies schon genug davon haben. Ich habe keinen leichten Stand, wenn ich mich heute bemühe, entgegen dem sehr klaren und sehr ehrlichen Bekenntnis des Experten über ihren wahren Zweck für die Arbeit dafür zu werben. Ins Treffen führe ich dann die sozialen Kontakte, welche die Arbeit bietet, ihre Unverzichtbarkeit für die Entwicklung einer eigenen Identität, für die Anerkennung durch andere und auch die Bedeutung der Teilnahme an der Formulierung und Erreichung gemeinsamer Ziele mit anderen Menschen für die seelische Gesundheit. Aber ich spüre, dass ich damit nicht recht ankomme bei den jungen Leuten und dass ich auf ihre sehr konkreten Fragen nur wenig Überzeugendes zu antworten weiß. In der vergangenen Woche hat mich eine Schülerin aus meiner Maturaklasse gefragt, wie es den eigentlich um den ökologischen Fußabdruck der Arbeit stehe und ob es mit Blick auf die Erderwärmung nicht klüger wäre, eine ganze Menge Arbeit, die weder notwendig ist noch besonders viel Sinn hat, einfach bleiben zu lassen. Die erste Frage habe ich schlicht und einfach nicht beantworten können. Es gibt keine Daten über den ökologischen Fußabdruck von Arbeit, weil ein Wirtschaftssystem, das die gesamte Verantwortung für seine Folgen den Konsumenten anlastet, dafür Sorge trägt, dass seine negativen Effekte nicht an ihrer Quelle, also bei der Produktion, sondern nur beim Verbraucher gemessen werden. Meine Erklärungen zu ihrer zweiten Frage, ob nicht ein guter Teil der Arbeit, die heute geleistet wird, besser unterbleiben sollte, waren wohl etwas weitschweifig und gewunden. Sie wären wahrscheinlich überzeugender ausgefallen, wenn ich nicht das beklemmende Gefühl hätte, dass die richtige Antwort einfach *Ja* lauten muss.

Kapitel VII
Bernard Holländer

*Der gerne verstehen würde, wovon die Leute eigentlich dauernd
reden, und findet, dass sich Leistung endlich wieder lohnen muss.*

Morgen, am 10. Mai, hätten wir dann also wieder einmal den Welterschöpfungstag. Oder den Erdüberlastungstag. Ganz wie jeder
will. Earth Overshoot Day, für alle, die es gerne englisch haben.
Oder auch: Ecolocigal Debt Day, wenn sich jemand gerne ein bisschen schuldig fühlt. Das ist der Tag, an dem alle Ressourcen der
Erde erschöpft sein sollen, die uns für das ganze Jahr zustehen.
Alles, was wir darüber hinaus verbrauchen, ist angeblich den Menschen in Entwicklungsländern oder zukünftigen Generationen
gestohlen. So will das jedenfalls irgendein Verein aus den U.S.A.
mit Propagandabüros in Brüssel und in Genf und sonst noch wo.
Wer das alles bezahlt, weiß ich nicht, und wie die das genau berechnen, wissen die wahrscheinlich nicht einmal selbst. Es macht
aber jedes Mal viel Lärm, heuer, wie gesagt am 10. Mai für ganz
Europa. Deutschland ist angeblich schon früher dran, weil sie da
auf besonders großem Fuß leben sollen, nämlich irgendwann Ende
April, und unsere Phäaken am Donaustrand, die Österreicher, sogar
schon Anfang April. Den Vogel schießen die Luxemburger ab, die
haben, sagt der Verein, das ihnen zukommende Quantum bereits
im Februar verbraucht, freilich nur unter der Annahme einer weltweit vollkommen gleichen Verteilung aller verfügbaren Güter
unserer Erde. Also, verfügbar ist natürlich viel mehr, sonst könnte
unsere Wirtschaft ja gar nicht funktionieren. Aber der Verein behauptet, dass man nur über jene Ressourcen verfügen darf, die sich
in dem Jahr, in dem sie verbraucht wurden, auch wieder von selbst
erneuern, und da wäre also theoretisch für die Staaten der Europäischen Union am 11. Mai Schluss. Theoretisch deshalb, weil das,

wenn es überhaupt stimmt, eben nur dann zutreffen würde, wenn jeder Mensch auf der ganzen Welt genau so viel von allem und jedem verbrauchen würde, wie das ein Deutscher, ein Österreicher oder ein Luxemburger tut. Das ist aber bekanntlich nicht der Fall. Soll auch in Zukunft gar nie der Fall sein, wenn es nach unserem Weltrettungsverein geht, weil das Leben, wie wir es uns in Europa, in den U.S.A. und in den vernünftig regierten Staaten Asiens eingerichtet haben, ja angeblich schädlich, verwerflich und ruinös ist.

Das ist natürlich vollkommener Unsinn und es gibt nicht den leisesten Grund, warum wir zurück auf die Bäume sollten, wie sich das die romantischen Wachstumsbremser wünschen. Sollen wir so leben wie die Menschen in Cuba oder in Nicaragua, nur weil ein paar Verrückte verlangen, dass wir die Möglichkeiten, die uns der technische Fortschritt eröffnet, nicht nützen sollen? Soll ich meine Unternehmen auf der ganzen Welt am 11. Mai stilllegen? Die Angestellten auf die Straße setzen?

Wenn ich nur verstehen könnte, was diese Leute eigentlich von mir wollen, würde ich mich ja vielleicht auf Gespräche mit ihnen einlassen. Ich sage *vielleicht*, weil sicher bin ich mir da nicht. Was für einen Zweck soll es haben? Die meisten gehen von so grundverkehrten Annahmen aus, dass man als ein Mann der Wirtschaft gar nicht weiß, wo man beginnen soll, ihnen all den Unfug auszureden, den sie im Vollgefühl ihres Rechts und ihres Anspruchs als angebliche Forderungen von Sitte, Anstand, Ethos, Gerechtigkeit, Moral, Vernunft, Ökologie oder sonst noch was mit einer Selbstsicherheit vortragen, die ich bewundernswürdig finden würde, wenn diese Art von Anmaßung nicht so ärgerlich wäre, wie sie es leider ist. Es ist mir vollkommen unerklärlich, wie irgendjemand ernsthaft glauben kann, mit einem solchen Repertoire gänzlich bedeutungsloser Schlagworte die handfesten Erfordernisse einer funktionierenden Wirtschaft vom Tisch wischen zu können.

Im Grunde könnte mir das alles gleichgültig sein. Mein Vermögen macht mich so gänzlich unabhängig, dass kein Mensch von mir verlangen kann, ihm für irgendetwas Rede und Antwort zu stehen. Grundsätzlich bin ich vollkommen unerreichbar, nicht nur für jedermann, sondern auch für jede staatliche Institution, für Behörden, Staatsanwälte, Gerichte, parlamentarische Ausschüsse, ganz gleich. An den Ritualen, die von den beamteten Würdenträgern der sogenannten Staatengemeinschaft veranstaltet werden, nehme ich teil, wenn ich es als für meine Interessen förderlich erachte, oder wenn ich gelegentlich Lust bekomme, den geschätzten Repräsentanten der öffentlichen Ordnung gehörig die Meinung zu sagen. Umgekehrt bin aber ich für die Staatsapparate, jedenfalls für solche liberal verfasster Demokratien, nicht greifbar. Keine auch nur einigermaßen an rechtsstaatliche Regeln, an ihre umfangreichen Individualrechte und, nicht zu vergessen, an die Forderungen des Datenschutzes gebundene Behörde vermag es, durch das undurchdringliche Geflecht meiner Unternehmensbeteiligungen, Investments, endlos über alle Kontinente hinweg verschachtelten und nach verschiedenen nationalen Rechtsordnungen zu beurteilenden Gesellschaften und sehr beweglichen Firmenmäntel zu blicken. Und was mich selbst betrifft, so bin ich auch dann, wenn dies entgegen aller Wahrscheinlichkeit irgendeiner dieser notorisch unterdotierten Kommissionen und Sonderkommissionen doch gelingen sollte, noch immer von einem de facto unüberwindlichen Schutzwall internationaler Anwaltsfirmen gedeckt. Auf diese Maßnahmen der Verschleierung und der Immunisierung greife ich zurück, nicht weil ich mir irgendetwas vorzuwerfen hätte, sondern nur, um mich auf wirksame Weise vor ungerechter Nachstellung und Belästigung zu schützen.

Was irgendwer über mich denkt, schreibt, den Gerichten anzeigt oder sonstwie in Hinblick auf meine Person sagt oder unternimmt, kann mir also mehr als gleichgültig sein, sodass ich mich darüber wundere, dass es mir das doch nicht ist. Ich muss mir sogar eingestehen, dass der Ärger, den ich bei der Lektüre des ganzen Unsinns, den alle diese selbsternannten Investigativjournalisten,

Blogger, Klimaaktivisten und sonstigen in jeder Hinsicht unterversorgten Freizeitrevoluzzer über mich verbreiten, mich in einem Ausmaß nervt, dass ich mich entschlossen habe, mich von dieser rational nicht erklärbaren Verletzlichkeit mit Hilfe der avanciertesten Methoden der modernen Psychotherapie zu befreien. Die Empfindlichkeit, von der ich erlöst sein will, geht so weit, dass ich mich echauffiere, wenn Vorwürfe gegen Unternehmen erhoben werden, von denen gar niemand ahnt, dass sie mehrheitlich in meinem Eigentum stehen. Ich fühle mich gemeint und angegriffen, und ich bin persönlich verletzt, auch wenn mein Name im Zusammenhang mit meinen Investments nirgends genannt wird, schon einfach deshalb nicht, weil niemand wissen und noch viel weniger beweisen kann, dass es sich um meine handelt. Es verschafft mir auch keine Befriedigung, die Urheber von direkt gegen meine Person gerichteten Anwürfen und Sudelkampagnen wirtschaftlich und sozial zu vernichten. Das stünde jederzeit in meiner Macht, aber in Wahrheit würde ich sie lieber von der Berechtigung meines Tuns und Lassens überzeugen, sie von dem verbissenen Hass abbringen, mit dem sie mich verfolgen und von ihnen jenen Respekt erfahren, den meine unbestreitbaren Leistungen verdienen. Weil ich mir aber keine Illusionen mache und deshalb weiß, dass mir dieser Wunsch nicht erfüllt werden wird, suche ich nun für mein persönliches Wohlbefinden eben jene Immunisierung, die ich gegen jede juristische oder staatliche Verfolgung bereits genieße. Ich will mich einfach nicht länger nerven lassen, und vielleicht ist es am besten, wenn ich deshalb einmal damit beginne klarzustellen, wie die Dinge wirklich liegen.

Mein Vermögen habe ich nicht ererbt und es ist auch nicht vom Himmel gefallen. Ich habe es erworben. Erworben durch meine persönliche Leistung, durch die unermüdliche Verfolgung meiner Ziele, und durch die kluge und mutige Nutzung des Spielraums, den die globale Wirtschaftsordnung, so, wie sie heute überall auf der ganzen Welt durch Gesetze durchgesetzt ist, jedem Menschen ganz genau so eröffnet wie mir. Mein Vermögen ist nicht durch das müßige Nachdenken über die Welt, über Gerechtigkeit oder über meine Work-Life-Balance zustande gekommen. Um es mir zu erwerben, habe ich nicht geruht, und nun, wo ich über es verfüge, ruhe ich erst recht nicht, weil ich das Erreichte nur sichern kann, indem ich für seine beständige Mehrung sorge. Das ist viel Arbeit, mehr Arbeit, als sich die meisten Menschen überhaupt vorstellen können. Der Kauf und Verkauf von Unternehmen; die Verfolgung und gegebenenfalls auch die Korrektur von Börsenkursen; die Unterstützung oder Vernichtung von Währungen, egal ob von staatlich emittiertem Geld oder von privaten Cryptos; die notwendigen Absprachen mit Konkurrenten; die unter den Bedingungen der Demokratie leider erforderliche Einflussnahme auf die öffentliche Meinung; das für ein gedeihliches Wirtschaften unverzichtbare Niederhalten ausufernder gewerkschaftlicher Bestrebungen, die unser gesamtes Wirtschaftssystem vernichten würden, wenn wir sie ins Kraut schießen ließen; die endlosen Konferenzen mit Anwälten, Steuerexperten, Lobbyisten, Politikern, angefangen von den Präsidenten und Kanzlern, über die Minister bis hinunter zu ein paar hyperaktiven Abgeordneten – das sind die ständigen Notwendigkeiten, die jeden meiner Tage bestimmen, die im Wortsinn pausenlosen Anstrengungen, die wohl keiner der vielen Besserwisser mit mir teilen will, die mich mit ihren Ratschlägen und Tiraden verfolgen. Es ist einfach so, dass ich mehr leiste als andere Menschen, sehr viel mehr, und es gibt nicht den geringsten Grund für das dauernde Gerede vom angeblich leistungslosen Einkommen, das mir in den Wachträumen der Weltverbesserer aus dem Nichts ihrer Kopfgeburten zufließt, nur weil sie nicht verstehen wollen oder können, dass der Ertrag der Arbeit, die mein Eigentum und mein Geld leisten, nach Fug und Recht mir zusteht. Mir und niemandem anderen. Auch und schon gar nicht den Öffentlichen Haushalten, die das Meinige an allerlei Bedürftige verteilen oder sonstwie zum allgemeinen Besten verwenden wollen. Soundso wird schon seit Jahren mit wachsender Dreistigkeit und unter tausenderlei Vorwänden auf diesen Ertrag zugegriffen. Immer neue soziale Rücksichten sind zu nehmen; Ausgleich für behauptete Ungerechtigkeiten bei der Verteilung meiner Gewinne oder für angeblich von meinen Unternehmen irgendwo in den hintersten Winkeln von Afrika, Asien oder Südamerika angerichtete Schäden soll geleistet werden; in das bodenlose Fass des Klimaschutzes müssen Unsummen eingezahlt werden; die Erhaltung der Artenvielfalt scheint überhaupt meine Privataufgabe zu sein, und das sind nur die größten Brocken auf der endlosen Liste. Dazu kommt noch die vollkommen sinnlose Aufforderung, ich sollte mich bei allen meinen unternehmerischen Aktivitäten an die Forderungen des ständig wachsenden Katalogs angeblicher Menschenrechte halten. Wenn ich dann einmal ganz beiläufig frage, an welchen denn nun genau, ernte ich verständnislose Blicke. Die Damen und Herren Aktivisten jeglichen Geschlechts wissen gar nicht, dass es da mehrere, höchst unterschiedliche gibt, und dass ein nicht vollkommen unbedeutendes Staatengebilde wie die U.S.A. weder die Kinderrechtskonvention noch den Sozialpakt ratifiziert hat. Nur ich soll mich natürlich an alle diese hochfliegende Rechtspoesie halten, weil das ein paar NGOs verlangen. NGOs! Wenn ich das schon höre. Non-Governmental Organisations. Meine Unternehmen sind alle NGOs, ohne dass ich mich deshalb in anderer Leute Geschäfte mischen würde. Meine NGOs machen Gewinn, beschäftigen ein paar hunderttausend Menschen weltweit, geben Arbeit und Einkommen, versorgen das Publikum mit allem, was es haben will, tragen in einer Stunde mehr zum Bruttosozialprodukt bei, als alle Weltverbesserungs-NGOs auf der Welt zusammen in einem ganzen Jahr, und wären allesamt längst bankrott, wenn ich auch nur einen von ihren guten Ratschlägen befolgen würde. Von mir aus können die Staaten ja so viele Menschenrechte erfinden und gewähren wie sie nur wollen. Soll mir recht sein, wenn sie das bezahlen können und nicht von mir die Finanzierung luxuriöser

Ansprüchlichkeiten verlangen, denen keine oder zumindest keine ausreichenden Verpflichtungen gegenüberstehen. Von einem Katalog der Menschenpflichten habe ich jedenfalls noch nie etwas gehört. Menschenrechte sind einfach ein Staatsproblem. Die Wirtschaft spielt da eine vollkommen untergeordnete Rolle. Wir haben gar kein Mandat, die Menschenrechte durchzusetzen. Von wem auch? Die Staaten werden sich von dem Gedanken verabschieden müssen, sie könnten die Aufgabe der Erfüllung der endlosen Pflichten, die sie sich mit ihren Menschenrechtskatalogen auferlegt haben, einfach den Unternehmen und Industriebetrieben aufbürden. Unsere Wirtschaft funktioniert nach den unabänderlichen Gesetzen des Marktes, nicht nach den utopischen Ideen von Staatsphilosophen und Gesetzverabschiedungsanstalten.

All meine Arbeit würde sich für mich übrigens gar nicht mehr lohnen, wenn die allgemeinen Steuergesetze auch für mich und meine Unternehmen gelten würden. Meine Unternehmen haben deshalb mit jenen Staaten, die von vernünftigen Geschäftspartnern regiert werden, Arrangements getroffen, durch welche die Geltung dieser grotesken Bestimmungen, soweit wir von ihnen betroffen wären, zumindest weitestgehend außer Kraft gesetzt wird. Für mich ist die Sache damit eigentlich erledigt, aber wenn mich jemand einmal ganz grundsätzlich fragt, dann sage ich: Leistung muss sich endlich wieder lohnen, und das auch und vor allem in Hinblick auf den Arbeitsmarkt. Ich beginne da vielleicht am besten einmal mit meiner eigenen Leistung. Ich stelle die Arbeit zur Verfügung, ohne die es keinen Wohlstand geben kann. Es wird oft gar nicht gesehen, dass das ein Akt der Solidarität ist, den Leistungsträger wie ich für die vielen erbringen, die ohne mich keinen Arbeitsplatz und kein Einkommen hätten. Es muss aber eben jeder aus Solidarität mithelfen, auch wenn die vielleicht zehn Prozent der Menschen, zu denen ich mich zählen darf, ohnedies neunzig Prozent der relevanten Leistung erbringen. Dabei habe ich keine Sorge, dass ohne die Mithilfe aller die notwendige Versorgung nicht

Bernard Holländer

sichergestellt werden könnte, weil wir das ganze Zeug, das da hergestellt wird, in Wirklichkeit gar nicht benötigen. Aber ich fürchte, dass die Solidarität der notwendigen Leistungsträger, wie ich einer bin, erodieren wird, wenn immer mehr Leute nichts oder nur immer weniger beitragen. Leistung muss deshalb mit mehr Nachdruck wieder eingefordert werden, und sie muss sich auch für den einfachen Erwerbstätigen stärker lohnen als das jetzt der Fall ist. Wer wirklich arbeitet – und ich meine da nicht die große Masse der Gehaltsbezieher, die gerade einmal die sogenannte Normarbeitszeit schaffen, ich spreche von High Perfomern, von Kräften, die die Extrameile gehen, sich einbringen, mehr arbeiten, die Produktion immer weiter steigern und den Umsatz am Laufen halten – wer also richtig arbeitet, der soll dafür eine materiell spürbare Anerkennung aus den öffentlichen Haushalten bekommen. Die Mehrarbeit, die da getan wird, nützt allen, weil nur so das Wirtschaftswachstum zustande kommt, das wir brauchen. Wir verlangen deshalb steuerliche Anreize für unsere Leistungsträger und das bedeutet, damit das einmal klar ist, massive Leistungen für unsere Beschäftigten aus dem Staatshaushalt. Da geht es nicht nur um Geld, das wir nicht selber ausgeben wollen. Noch wichtiger ist dabei das erzieherische Signal. Diese öffentlichen Gelder für Hochleister sollen aus den Steuergeldern der Work-Life-Balancierer finanziert werden, die gerade einmal 40 Stunden pro Woche arbeiten, und auch das wahrscheinlich nur bis zur Erreichung des gesetzlichen Pensionsantrittsalters. Vor allem die Teilzeitträumer müssen ordentlich zur Kasse gebeten werden. Auf diese Weise muss klar gemacht werden, dass die Verweigerungshaltung gegen die Forderungen der Wirtschaft einen Preis hat, und zwar einen empfindlichen. Die Gesetze müssen auch so geändert werden, dass Menschen länger im Arbeitsleben gehalten werden. Wenn jemand weiterarbeitet, obwohl er Anspruch auf eine Alterspension hat, dann soll er aus seinen Einkünften keine Beiträge zur Pensionsversicherung bezahlen müssen, und die Bemessungsgrundlage für seine Einkommenssteuer muss zumindest halbiert werden. Soundso muss der Lohn für wenigstens 20 Überstunden monatlich gänzlich steuerfrei sein. Finanziert werden kann das alles ganz leicht, indem man sinnlose Leistungen an Asoziale streicht und die guten Leute, die einfach nicht arbeiten wollen, die Konsequenzen ihrer Lebensentscheidungen selber tragen lässt, anstatt sie auf die Leistungsträger abzuwälzen. Niemand wird gezwungen, eine alleinerziehende Mutter zu sein oder sich mit einem Mindestlohn abzufinden. Man muss halt ein bisschen die Ärmel aufkrempeln, wenn man nicht zu denen zählen will, die die Sklavenarbeit machen müssen, weil sie nichts Besseres gelernt haben. Es genügt nicht, dass Leistung sich lohnt. Verweigerung muss sanktioniert werden. Nur dadurch wird sich der Leistungswille wieder einstellen, der jungen Menschen systematisch abgewöhnt wird. Das endet dann in jener Rentnermentalität, die man heute schon bei Zwanzigjährigen beobachten kann. Nur dadurch kommt der Mangel an Arbeitskräften zustande, der unsere Lohnkosten in die Höhe treibt. Die Leute haben es einfach nicht nötig zu arbeiten, und genau das muss sich ändern. Volle Arbeitsleistung muss wieder lebensnotwendig werden, überlebensnotwendig, und nicht eine Möglichkeit unter anderen auch, wie das jetzt ist.

Kapitel VIII
Laetitia Fröhlich

Die es müde ist, Menschen in arbeitswillige und arbeitsunwillige
einzuteilen, und stattdessen lieber Zeit für ihre eigentliche Aufgabe
hätte.

Menschen in Arbeit zu bringen, jemanden zu einer erwünschten und gesuchten Tätigkeit zu verhelfen, mit der er seinen Lebensunterhalt in Würde und Zufriedenheit bestreiten kann, ist eine schöne Aufgabe. Seit dreißig Jahren ist das mein Beruf, den ich mit großer Begeisterung ausübe, obwohl mir die Selbstbeschreibung des Unternehmens, für das ich arbeite, manchmal Angst macht. Dabei ist unsere freundliche Eigendefinition als »Das bundesweit größte öffentlich-rechtliche Arbeitsmarktdienstleistungsunternehmen« – wenn man von der einschüchternden Gewalt des Fünffachkompositums einmal absieht – ohnedies eine sanft verharmlosende Verhüllung der ganzen Wahrheit, die eine nicht unwesentliche Qualität unserer Institution still unter den Tisch fallen lässt. Mein Dienstgeber ist nämlich auch Behörde, eine Behörde, deren Macht Menschen dann zu spüren bekommen können, wenn sie aus welchen Gründen auch immer keinen Platz im Erwerbsleben finden und auf finanzielle Unterstützung angewiesen sind. In solchen Fällen ist es unser Dienstleistungsunternehmen, das im Namen der Republik darüber entscheidet, wem Hilfe zukommen soll und wem nicht, unter welchen Bedingungen Unterstützungen gewährt oder versagt werden, oder gegen wen wegen verschiedener Arten von Fehlverhalten durch die Streichung bereits zugesagter Leistungen Disziplinierungsmaßnahmen zu ergreifen sind.

Es ist dieser Teil meiner Arbeit, der mir noch nie gefallen hat, und der mich immer mehr bedrückt. Ich werde zornig und verzweifelt, wenn ich an die viele Zeit und Energie denke, die ich für die verschwindend geringe Zahl an Problemfällen aufwenden muss, in denen ich nach den Vorschriften Sanktionen zu verhängen habe. Dadurch wird ein sehr wesentlicher Teil meiner Arbeitskraft und meiner Arbeitsfreude gebunden, die ich viel gewinnbringender einsetzen könnte, wenn ich sie für die Erfüllung meiner eigentlichen Aufgabe verwenden dürfte: Menschen, die gerne arbeiten wollen, zusammenzubringen mit Unternehmen, die solche Menschen suchen. Stattdessen verbringe ich den größten Teil meiner Arbeitszeit mit der Überprüfung von Anspruchsgrundlagen, der Berechnung von Leistungsansprüchen, der Entscheidung zwischen verschiedenen Unterstützungsmöglichkeiten und eben mit der Sanktionierung von Menschen, die nach den Vorschriften als arbeitsunwillig zu qualifizieren sind. Das widerstrebt mir und ich habe schon überlegt, diesen Teil meiner Arbeit stillschweigend zu verweigern, weil ich ihn als unerträgliche Zumutung empfinde. Meinen Plan, einfach keinen Kunden mehr als arbeitsunwillig einzustufen oder das Versäumnis von Kontrollterminen ohne Vermerk zu übergehen, anstatt, wie es der Vorschrift entspricht, aus diesem Grund bereits zuerkannte Leistungen zu sperren, musste ich schnell wieder verwerfen. Es würde der Dienstaufsicht sehr bald auffallen, wenn mein Referat keinen einzigen arbeitsunwilligen Kunden aufzuweisen hätte und zudem ausgerechnet alle Schützlinge meiner Abteilung sämtliche Termine ausnahmslos pünktlich einhalten würden. Ich tue also, was alle meine Kolleginnen hier auch tun, ich vermerke versäumte Termine, stufe Menschen als Arbeitsverweigerer ein und streiche finanzielle Unterstützungen. Aber ich tue das alles mit der geballten Faust in der Tasche. Ich leide unter diesem Teil meiner Tätigkeit, und ganz besonders leide ich unter den emotionalen Ausbrüchen der Klienten, die von ihm betroffen sind. Wenn Menschen in meinem Zimmer abwechselnd rot und bleich werden, wenn sie zu schreien beginnen, in Tränen ausbrechen oder mir ihre Verzweiflung durch aggressive Gesten zeigen, empfinde ich das als sehr schmerzhaft. Ich versuche

Laetitia Fröhlich

dann, mein Mitgefühl zu zeigen, entschuldige mich, sage, dass ich die Gesetze nicht gemacht habe. Aber ich spüre, dass das nicht nur eine schwache, sondern eine im Grunde zynische Erklärung ist, denn erstens bin ich es, die Gesetzen ihren Arm leiht, die ich selber sinnlos und unbillig finde, und zweitens bedeutet der Verweis auf einen letztlich anonymen und vollkommen unerreichbaren Gesetzgeber als richtige Beschwerdeadresse, dass ich meine Kunden mit ihren Anliegen nicht ernst nehme und sie aufs Salzamt schicke.

Auch nach dreißig Jahren und einer ganzen Reihe von Schulungen habe ich noch keinen für mich gangbaren Weg gefunden, wie ich mit Verzweiflung und Aggressivität umgehen kann. Wenn Kunden in dieser Weise ihren Gefühlen freien Lauf lassen, vergehen bisweilen mehrere Stunden, bis ich mich wieder beruhigt habe und mich wieder einigermaßen auf meine Arbeit konzentrieren kann. Im vergangenen Monat habe ich zwei Mal unseren Sicherheitsdienst um Hilfe bitten müssen, und einmal ist sogar die Polizei verständigt worden. In solchen Fällen muss ich mich für den restlichen Tag krankmelden. Und warum das alles? Weil der Gesetzgeber es für notwendig hält, arbeitsunwillige Personen durch die Androhung und Verhängung von Sanktionen in den Arbeitsmarkt zu zwingen. Das kann nicht funktionieren, schon deshalb nicht, weil es so gut wie unmöglich ist festzustellen, ob jemand einfach nur nicht gewillt ist zu arbeiten, oder ob es vielleicht gute Gründe gibt, aus denen er keiner Erwerbstätigkeit nachgehen kann oder will. Ohnedies kann jeder tatsächlich Arbeitsunwillige, der nicht vollkommen verblödet ist, ohne die kleinste Schwierigkeit jede Anstellung durch Platzierung kleiner Codes beim Vorstellungsgespräch vereiteln, unmissverständliche Mitteilungen, die jeden Arbeitgeber abschrecken, die aber für uns nicht als vorsätzliche Verweigerung greifbar sind oder wenigstens nicht nachgewiesen werden können. Im Netz des Gesetzes bleiben also ein paar armselige, schlecht ausgebildete und in jeder Hinsicht bedauernswerte Außenseiter hängen. Letzte Woche habe ich einem gelernten Koch aus Eisenstadt die Unterstützung sperren müssen, weil er nicht in einem Hotel im Bregenzerwald arbeiten hat wollen. Weil der Mann alleinstehend ist und keine schulpflichtigen Kinder hat, ist er verpflichtet, Arbeit im gesamten Bundesgebiet anzunehmen. Dass er dadurch dauerhaft von seinem Zuhause, seinen Verwandten, seinen Freunden und seinem ganzen sozialen Umfeld abgeschnitten wird, ist vor dem Gesetz unerheblich. Die Zumutbarkeitsbestimmungen, die ständig verschärft werden, sind nicht nur widerwärtig, sie sind auch vollkommen sinnlos, weil die an sie geknüpften Sanktionen so gut wie wirkungslos sind. Das wissen wir jetzt seit sieben Jahren, weil damals eine Studie über die Wirkung unterschiedlicher »Maßnahmen im Prozess der Vermittlung von Arbeitslosen« präsentiert worden ist. Es war mein Dienstgeber, der dem Wirtschaftsforschungsinstitut den Auftrag für diese Studie erteilt hat und eine der wesentlichen Erkenntnisse war eben, dass die Androhung und Verhängung von Sanktionen so gut wie keinen Einfluss auf die Dauer des Bezugs von Arbeitslosenunterstützung hat. Es hat sich auch gezeigt, dass unser ganzes Arsenal von Sanktionen weitgehend nutzlos ist und zudem die ohnedies meist schon fragile mentale Gesundheit von Arbeitslosen weiter verschlechtert. Personen ohne Arbeit und ohne Einkommen leiden häufig unter geringem Selbstwertgefühl und oft genug auch unter Angstzuständen. Durch unser gesetzlich angeordnetes Sanktionenregime werden solche Gesundheitsstörungen weiter verstärkt. Der vollkommene Einkommensverlust durch die Sperre des Arbeitslosengeldes trifft unsere Klienten massiv, weil sie in der Regel auch auf keine Ersparnisse zurückgreifen können. Zu einer schnelleren Rückkehr ins Erwerbsleben führt das aber im allergrößten Teil der Fälle trotzdem nicht. Stattdessen werden durch die Verhängung von Sanktionen gar nicht selten mentale Erkrankungen ausgelöst oder verschlimmert. Die Betroffenen fühlen sich meist ungerecht behandelt, und das oft genug nicht ohne Grund, wie die Tatsache zeigt, dass ein sattes Drittel der von unserer Behörde verhängten

Sanktionen von den Gerichten wieder aufgehoben werden. Die Praxis der Sanktionierung von Erwerbslosen ist also wenig treffsicher, macht krank, bindet meine Arbeitskraft und erreicht in keiner Weise das Ziel, dem es vorgeblich dienen soll, nämlich der Wiedereingliederung von Personen ins Erwerbsleben. Jeder weiß das spätestens seit dem Erscheinen der Studie vor sieben Jahren. Trotzdem werde ich durch ein sinnloses und kontraproduktives Gesetz gezwungen, Druck auf Menschen auszuüben, die sich meist ohnedies in sehr prekären Lebenslagen befinden. Ich finde das einfach zum Kotzen, weil die ganze Sache doppelt und dreifach sinnlos ist. Kein Mensch kann verstehen, warum ein Koch aus Eisenstadt eine Arbeit im Bregenzerwald annehmen soll, siebenhundert Kilometer von allen seinen Lebenszusammenhängen entfernt. In Vorarlberg sitzen tausend Asylwerber, von denen bestimmt viele kochen können und es auch sehr gerne tun würden. Denen wird aber durch Gesetze verboten zu tun, was sie gerne möchten.

Dazu kommt, dass die ganze Veranstaltung der in Wahrheit vollkommen aussichtslosen Überprüfung der Arbeitswilligkeit für ein armes, kleines Prozent unserer Bezugsberechtigten in Szene gesetzt wird. Ja, richtig, von einhundert Personen, die Arbeitslosengeld beziehen, ist es gerade einmal eine, die nicht ernsthaft Arbeit zu suchen scheint, die sich den von uns vorgeschlagenen Qualifizierungsangeboten verweigert und den Besuch von Kursen ablehnt. Der einzige Grund, aus dem ich einen überproportional großen Teil meiner Arbeitszeit und vor allem auch meiner emotionalen Energien gerade diesem einen unter hundert Kunden widmen soll, anstatt meine Empathie und meine Expertise für die tatsächlich Arbeitssuchenden einsetzen zu dürfen, liegt im düsteren Verdacht von ein paar misanthropischen Funktionären, dass wohl kaum jemand arbeiten würde, wenn es so einfach wäre, es sich durch die Erschleichung von Leistungen der Arbeitslosenversicherung in der sozialen Hängematte bequem zu machen. Bequemmachen in der sozialen Hängematte, du meine liebe Güte!

Diese Typen haben offenbar nicht die leiseste Ahnung davon, wie wenig Geld die meisten Unterstützungsempfänger von uns bekommen. Da muss man schon mehr als genügsam sein, wenn man aus bloßem Arbeitsunwillen mit diesem Bisschen das Auslangen finden will. Vom Bequemmachen spreche ich da noch gar nicht. Bestimmt wird es ein paar Menschen geben, die einfach nicht arbeiten wollen, die sich mit Arbeitslosengeld, Notstandshilfe oder Mindestsicherung zufriedengeben und mit diesen Mitteln das Leben führen, das sich damit halt führen lässt. Sollen sie doch. Menschen sind eben verschieden, und nicht alle taugen für die Arbeit. Es sind ohnedies nur sehr, sehr wenige, die bereit sind, auf Arbeit und Einkommen zu verzichten, und zu allermeist sind sie das nicht aus freiem Willen, sondern weil sie auf vielfältige Weise kranke, vom Leben gezeichnete Menschen sind. Wer verzichtet denn schon freiwillig und ohne weiteres auf ein vernünftiges Einkommen, auf die sozialen Kontakte am Arbeitsplatz, auf das Ansehen, das ehrliche Arbeit allemal einbringt. Es wäre vernünftig, Erwerbslosen einfach und ohne viele Nachfragen das Notwendige zum Leben zu geben. Das reißt kein Loch ins Budget der Republik, und es ist auch kein Problem für die Versorgungssicherheit. Es ist nur ein Problem für schlechte Unternehmen, die schlechte Arbeit schlecht bezahlen und ihre Mitarbeiter schlecht behandeln. Gute Unternehmen haben kein Problem bei der Rekrutierung von Arbeitskräften, auch dann nicht, wenn es um anstrengende, schmutzige und gefährliche Arbeit geht. Das kann man sehen, wenn man sich zum Beispiel die Karriere der Müllabfuhr in unserer Stadt ansieht. Bei der Müllabfuhr zu arbeiten, das war noch vor ein paar Jahrzehnten die tiefste Schmach, die man sich denken konnte. Meinem ältesten Bruder haben unsere Eltern immer mit einem Leben als Müllmann gedroht, wenn er schlechte Noten aus der Schule heimbrachte. Heute haben kluge Unternehmensleiter aus dem Dienst bei der Abfallwirtschaft und der Straßenreinigung eine angesehene Arbeit gemacht. Ihre leuchtend orange Arbeitskleidung tragen die Männer jetzt mit berechtigtem Stolz, sie werden von den Leuten auf der Straße gegrüßt und respektiert, und sie werden vor allen Dingen für ihre schwere Arbeit gerecht entlohnt. Dass die Müllabfuhr Probleme bei der Anwerbung von Personal hätte, hat noch niemand gehört und unser Sanktionenregime gegen Arbeitsunwillige ist nicht nötig, um dort die Wartelisten der Bewerber zu füllen. Mit dem Druck, den wir ausüben, erreichen wir hauptsächlich eines: Wir zwingen Menschen, Arbeit in Betrieben anzunehmen, von denen wir wissen, dass sie systematisch das Arbeitsrecht verletzen. Der Nachweis, dass ein Unternehmen laufend auf Grund von Anzeigen des Arbeitsinspektorats verurteilt wird, berechtigt einen Empfänger von Arbeitslosengeld nämlich keineswegs, das Stellenangebot eines solchen inakzeptablen Dienstgebers auszuschlagen. Solchen Arbeitgebern möchte ich das Wasser abgraben, aber durch die geltenden Gesetze werde ich gezwungen, mich ganz im Gegenteil zu ihrer Komplizin zu machen.

Es ist eine aufwändige, ökonomisch nutzlose und obendrein widerwärtige Aufgabe, die wenigen Antragsteller auszusieben, die das System vielleicht missbrauchen. Das sollten und könnten wir uns sparen. Das würde mit einem Schlag auch den öffentlichen Skandal der *working poor* beheben. Ich finde den Gedanken quälend, dass Menschen sich mit ihrer Arbeitskraft an der Herstellung des großen Wohlstands unserer Gesellschaft beteiligen, ohne an diesem in einigermaßen adäquatem Ausmaß teilhaben zu können. Am liebsten wäre es mir überhaupt, wenn es ein bedingungsloses Grundeinkommen für alle Menschen geben würde. Ob und auf welche Weise das ermöglicht werden kann, weiß ich nicht genau, das ist bestimmt eine sehr komplexe Frage. Was ich aber schon weiß, ist, dass ich die stets mit sehr ernsthaften Gesichtern und in gewichtigem Ton vorgebrachten Einwände der Bedenkenträger bei Licht betrachtet wenig überzeugend finde. Mir scheinen da eher eine ganze Reihe von unfreundlichen Voreingenommenheiten gegen sozial Schwache, Denkfaulheit und eine bemerkenswerte

Trägheit der Herzen am Werk, als das Bemühen, eine machbare Lösung für ein simples Verteilungsproblem zu finden. Denn eines ist ja klar: Geld gibt es mehr als genug und ohne jedes Problem könnte man die notwendigen Beträge denen geben, die im Erwerbsleben keinen Platz finden oder sich von diesem, aus welchem Grund auch immer, fernhalten. Es scheint hauptsächlich die Angst zu sein, was geschehen würde, wenn wir das täten, die uns davon abhält, von unserer krämerischen Engherzigkeit abzusehen und das Notwendige zu tun. Das Notwendige, denn zur Zeit ist es gerade so, dass in zehn Prozent aller Haushalte in der steinreichen Europäischen Union die Mittel für eine ausreichende und gesunde Ernährung fehlen, von einer Teilhabe am kulturellen und gesellschaftlichen Leben einmal ganz zu schweigen. Ich verstehe nicht, warum wir das in Kauf nehmen, nur um den geringen Schaden zu verhindern, der durch den vergleichsweise harmlosen Missbrauch unseres Sozialstaates entstehen könnte.

Befund

In welchem der erfolglose Versuch unternommen wird, aus den Ergebnissen der Anamnese tragfähige Einsichten über Auffälligkeiten im Hinblick auf das Verhältnis des modernen Menschen zur Arbeit zu gewinnen.

Irgendwann einmal ist es ja dann auch genug mit der Anamnese. Natürlich, man muss zunächst zuhören, und die Menschen haben ja auch wirklich viel zu erzählen, wenn man sie nach der Arbeit fragt. Erstaunlich viel. Ich höre mir das an und mache mir meine Gedanken dazu. Und irgendwann kommt der Punkt, an dem ich meine, es könnte an der Zeit sein für einen Befund. Die Zeit ist jetzt gekommen, daran habe ich wenig Zweifel. Aber die Erstellung eines Befundes bereitet mir außergewöhnlich große Schwierigkeiten. Was scheint mir auffällig oder verdächtig; was ist Anzeichen einer beginnenden oder bereits manifesten Störung; was ist eine bemerkenswerte und irritierende Abweichung von einem als normal zu bezeichnenden Verhältnis eines Klienten zu seiner Arbeit oder zur Arbeit überhaupt; welche Tendenzen oder Veränderungen in diesem Bereich kann oder muss man als krankhaft bezeichnen, und was ist die Norm, der gesunde Normalzustand, von dem ausgehend eine Antwort auf alle diese Fragen überhaupt versucht werden kann?

Mir schwirrt der Kopf, wenn ich an all die vielen Dinge denke, die mir meine Klienten und meine Gewährsleute über die Arbeit gesagt haben. Wenn ich es einigermaßen richtig verstanden habe, verhalten sich die Dinge ungefähr so: Während die einen, die die Arbeit tun sollen, Frau Halstarnigg, zum Beispiel, oder der junge Herr Lorre, immer weniger arbeiten wollen, denken andere, wie der Autofabrikant Macher, Herr Holländer oder der famose Professor Felbermayr, darüber nach, wie künstlich immer mehr Arbeit geschaffen werden kann, damit alle genug davon haben. Dass alle genug davon haben ist wichtig, weil immer mehr Arbeit zwar nicht für die Versorgung der Menschen gebraucht wird, sehr wohl aber für die Herstellung des beständigen Wirtschaftswachstums, ohne das unser ganzes Wirtschaftssystem kollabieren würde, wie das der Herr Macher sehr glaubwürdig erklärt hat. Deshalb sollen alle irgend arbeitsfähigen Personen möglichst in Vollzeit arbeiten, und deshalb wird allen das Notwendige für ein einfaches Leben in Würde vorenthalten, die sich an der Beförderung des Wirtschaftswachstums nicht beteiligen wollen oder können. Dass das auch tatsächlich so sein muss, dass es auch zu Beginn des 21. Jahrhunderts noch immer unerlässlich sein sollte, die Gewährung eines bescheidenen Unterhalts von der Erbringung einer beträchtlichen Arbeitsleistung abhängig zu machen, davon scheint ja wenigstens die mit einiger Expertise in dieser Frage ausgestattet Frau Fröhlich nicht wirklich überzeugt zu sein. Ob es vielleicht wirklich und auch zum Nutzen der Gemeinschaft gut möglich sein sollte, jedermann einen einigermaßen auskömmlichen Unterhalt auch ohne die Leistung von Arbeit zu gewähren, wie sie zu glauben scheint?

Auffällig ist jedenfalls, dass es drei wesentliche und zentrale Fragen gibt, die ohne Antwort bleiben. Es geht da zum Ersten einmal um den Wert der Arbeit und dann zum Zweiten um ihren Zweck. Ist Arbeit immer und unter allen Umständen gut, oder gibt es gute und schlechte, nützliche und schädliche Arbeit? Und welchem Zweck dient die Arbeit überhaupt, der sinnvollen und maßhaltenden Befriedigung menschlicher Bedürfnisse, oder der unsinnigen und grenzenlosen Anhäufung von Vermögen? Kann es sein, dass beides der Fall ist, und dass Arbeit je nachdem, in welchem Maße sie dem einen oder dem anderen Zweck dient, eher getan werden oder besser unterbleiben sollte? Schlägt das Pendel gerade stark nach einer Seite hin aus, nach der Seite der schrankenlosen Konzentration von immer mehr Eigentum in den Händen einer immer kleiner werdenden Minderheit? Und gerät dadurch die Arbeit als solche, jede Arbeit, auch die menschenfreundlichste und nützlichste, unter einen ungerechten Generalverdacht? Ist das Leiden an der Arbeit gar kein Leiden an der Arbeit, sondern ein Leiden an ihren nicht gut greifbaren, nicht benennbaren und darum auch nicht fassbaren Zielen? Sollte aber tatsächlich Tag für Tag Arbeit getan werden, die nicht nur nutzlos, sondern geradezu schädlich ist, und die zudem hauptsächlich dem Zweck der grenzenlosen Mehrung von Vermögen und Macht in den Händen einer verschwindend kleinen und immer noch kleiner werdenden Minderheit dient, ergibt sich daraus die dritte Frage: Was genau spricht eigentlich gegen eine Befreiung vom Zwang zur Arbeit, indem jedem Menschen das Notwendige für ein Leben in Würde gewährt wird, unabhängig von seiner Teilnahme an einer rastlosen Betriebsamkeit, deren Wert nicht so eindeutig ist?

Aber selbst dann, wenn die Arbeit tatsächlich nicht nur guten Sinn haben sollte, muss ich als Therapeut auf der anderen Seite auch die Schutzfunktion jeder Arbeit in Betracht ziehen, auch der übelsten und schädlichsten. Es ist die Arbeit, die unseren Tag strukturiert und die uns davor bewahrt, uns auf uns selbst zurückgeworfen zu finden. Welchen Schirm, wenn nicht die Arbeit, haben wir denn sonst gegen das abgründige Ungenügen am reinen Leben, das gar nicht wenige Menschen nichts mehr fürchten lässt als das Wochenende und den Urlaub? Welchen Schild wissen wir gegen die Leere, wenn nicht die Arbeit, von der sie vielleicht nicht gefüllt, aber doch zuverlässig überdeckt wird? Ist die Arbeit also doch ein Segen oder ist sie nichts weiter als ein notwendiges Übel, dem man sich so gut es irgend geht entziehen soll, und dem man sich auch entziehen darf?

Als wären das nicht alles schon genug ungelöste Fragen und fehlende Maßstäbe, ohne die ein tragfähiger Befund nicht erstellt werden kann, kommen noch zwei weitere Parameter dazu, die bestimmt werden müssen, wenn auf die Frage nach einem dem Menschen bekömmlichen und zumutbaren Maß von Arbeit geantwortet werden soll. Es handelt sich da um die von meinen Klienten angesprochenen Fragen der ökologischen Auswirkungen von Arbeit einerseits, und andererseits um die soziale Dimension ihrer Leistung oder eben ihrer Verweigerung. In diesem Zusammenhang hat mich die Behauptung elektrisiert, dass es kein Ende der Erderwärmung und auch kein Ende des Artensterbens geben kann, wenn nicht die Menge der gegenwärtig geleisteten Arbeit deutlich reduziert wird. Wenn sich das so verhält, und alles deutet darauf hin, dass das so ist, dann wäre die Verweigerung der Arbeit kein asozialer Akt und der Empfang einer aus ihren Erträgen gespeisten Grundsicherung nichts weiter als die berechtigte Inanspruchnahme einer Stilllegungsprämie für den Verzicht auf die lukrative Betätigung der eigenen Arbeitskraft. Ist es wirklich denkbar, dass einfach alle weniger arbeiten müssen, wie Frau Halstarnigg das glaubt, oder dass Arbeitsunwillige einfach fraglos alimentiert werden sollen, wie Frau Fröhlich das zu meinen scheint, wenn doch zugleich an allen Ecken und Ende der Mangel an Arbeitskraft beklagt wird, wenn Hotels, Restaurants und Kaffeehäuser schließen müssen, weil sich einfach kein Personal findet, wenn Lehrer für unsere Kinder fehlen, und Krankenhäuser und Pflegeeinrichtungen kaum mehr ihren Aufgaben gerecht werden können, weil niemand da ist, der bereit wäre, die fordernde und schwere Arbeit zu tun?

Sehr viele Fragen, die klare Antworten brauchen, wenn ich Befunde erstellen und entscheiden soll, wer nun eigentlich gesund, und wer krank ist. Sind die selbstquälerischen Zweifel berechtigt, die es Frau Denk unmöglich machen, ihren halbwüchsigen Schützlingen zu vermitteln, dass sie werden arbeiten müssen und dass sie das auch sollen? Sind es Anzeichen einer Neurasthenie, wenn sich Frau Fröhlich außerstande fühlt, arbeitsscheuen Sozialschmarotzern ihre monatliche Apanage zu streichen? Ist es Zeichen einer begrüßenswerten Vitalität, wenn Herrn Holländer keine Zweifel daran plagen, dass der Ertrag der Arbeit, die in seinen Unternehmen geleistet wird, ihm zusteht und niemand anderem? Der vielen Zweifel, die mich an der Beantwortung dieser und ähnlicher Fragen hindern, habe ich selbst nicht mehr Herr werden können. Es fehlt mir einfach zu viel Wissen, um auch nur ansatzweise gültige Antworten zu finden. Dazu kommt, dass es mit Wissen allein in diesen Dingen wohl nicht getan sein wird. Wenn es gilt, zwischen zuträglichen und fehlerhaften Entwicklungen, zwischen Gesundheit und Krankheit zu unterscheiden, wird es ohne beherzte Wertungen nicht abgehen und nicht ohne die Setzung von angreifbaren Maßstäben. Aber woher die nehmen? Was ist denn überhaupt das Maß, an dem gegenwärtig gemessen wird, wie viel Arbeit genug ist? Kommt mir das nur so vor, oder ist es tatsächlich ein allgemein anerkannter Konsens, der die deutlich wahrnehmbare Tendenz der jungen Generation, mit ihrer Arbeitsbereitschaft unter der gängigen Norm zu bleiben, als einen im Grunde unerlaubten und asozialen Rückzug aus der Verantwortung brandmarkt? Und ist es wirklich die Verantwortung für das Leben oder zumindest für den Menschen, vor der sich diese neue Generation der Teilzeitarbeiter und Minderleister drückt, oder wird da einfach nur die Erfüllung der Forderungen einer Wirtschaft verweigert, auf deren Agenda genau diese Verantwortung zumindest nicht den ersten Rang einnimmt?

Das unüberschaubare Knäuel all dieser Fragen, deren Beantwortung doch deutlich die unverzichtbare Voraussetzung für die Erstellung eines Befundes war, verwickelte sich vor meinen Augen zu einem unentwirrbaren gordischen Knoten. Den zu zerschlagen fehlte mir nun freilich das richtige Schwert, bis mir plötzlich die Dissertation des Doktor Mallinger einfiel, über deren Thema er damals, vor bald fünfzig Jahren unablässig erzählt hatte. Mit ziemlicher Sicherheit wusste ich, dass es ein britischer Gelehrter gewesen war, der vor ziemlich genau einhundert Jahren eine kühne Vorhersage für unsere Zeit gewagt hatte: Mit einer Normarbeitszeit von nur fünfzehn Wochenstunden sollte in unserer Gegenwart ein geradezu unerhörter Wohlstand für alle Menschen erwirtschaftet werden können. Mit ein paar Stichworten, die ich in die modernen Suchmaschinen eingab, hatte ich auch bald seinen Namen gefunden: Keynes hieß der Mann, John Maynard Keynes, und das Lexikon bezeichnete ihn als einen der bedeutendsten Ökonomen des 20. Jahrhunderts. Seine Thesen hätten wesentlichen Einfluss auf die Wirtschaftspolitik vieler Regierungen gehabt, bis in die 1970er Jahre hinein, als ein Schwenk zu den Ideen seiner Gegenspieler, zur sogenannten neoliberalen Schule begann. Auffallende Koinzidenz: Noch in den 1970ern hatte die letzte deutliche Reduktion der Normarbeitszeit stattgefunden, auf 40 Stunden pro Woche, nachdem noch weniger als zwanzig Jahre zuvor, in den frühen 1960ern, 48 Stunden Arbeitsleistung als in Zeit und Ewigkeit unverzichtbare Minimalerfordernis für eine funktionierende Wirtschaft propagiert worden waren. Tatsächlich hatte die Wirtschaftspolitik, die sich an den Zielsetzungen und Vorhersagen von Keynes orientiert hatte, zu einer deutlichen Entlastung der arbeitenden Menschen und gleichzeitig zu einer Zunahme ihres Wohlstandes geführt. Aus welchem Grund war also der Pfad verlassen worden, warum hatte sich seine Prognose von der 15-Stunden-Woche nicht annähernd erfüllt, und wie war die lange Phase der allgemeinen Prosperität unmerklich vom Dauerzustand der Krise abgelöst worden? Das konnte ich nicht verstehen, aber mit einem Mal wurde mir klar, wer mir Auskunft geben konnte. Den Doktor Mallinger musste ich fragen, wenn ich da Gewissheit haben wollte. Den Doktor Mallinger, aus dem mit den Jahren eine zweifelhafte Auskunftsperson geworden sein mochte, einer, der seine Zeit nicht mehr recht verstand und dem die Welt gerade so wunderlich schien, wie er der Welt. Beide, Mallinger und die Welt, mochten dabei wohl recht haben, in ihrer Art wenigstens, aber der Doktor Mallinger, bei Lichte besehen, doch etwas mehr. Denn während die Verwunderung der Welt über den Doktor sich im Wesentlichen auf Äußerlichkeiten bezog, auf Dinge, die man nicht tut, die aus der

Norm gefallen sind und die, da und dort, vielleicht sogar sanft ans Querulatorische schrammten, bezog sich seine Verwunderung über die Welt auf durchaus Substanzielles, auf einen von ihm bemerkten augenscheinlichen Mangel an Vernunft nämlich, den sie mehr und mehr in allen Dingen zeigte, die an das Leben selbst rühren. Ob und in welchem Ausmaß sich dieser Mangel nun im Verhältnis des modernen Menschen zur Arbeit widerspiegle, darüber konnte einer wie der Doktor aus zwei sehr unterschiedlichen Sichtwinkeln Auskunft geben, aus der Perspektive des Ökonomen, als den er sich verstand, und der er mit Brief und Siegel seiner Universität versehen auch war, und mit dem Blick des Philosophen, der er zuvorderst und seinem innersten Wesen nach gewesen ist. Überfallen habe ich ihn mit einer mir besonders zweifelhaft scheinenden Behauptung der Frau Professor Denk, dass »auf wundersame Weise« die Arbeit, mit jedem Hilfsmittel, das erfunden wird, um sie uns abzunehmen, immer mehr werde. Da war ich beim Doktor freilich an die richtige Adresse geraten, und das Denk'sche Diktum öffnete die Schleusen seiner Beredsamkeit, aus denen sich zunächst ein Schwall von Beweisen und Exemplifikationen dieser Wahrnehmung über mich ergoss. Daran hat sich dann unaufgefordert ein Privatissimum über die zwanghafte Logik unseres Wirtschaftssystems angeschlossen, verbunden mit längeren, mit Verve vorgetragenen Begründungen seiner Überzeugung, wie dringlich eine »Große Transformation«, eine grundlegende Veränderung der Verhältnisse sei. Zu meiner Überraschung zielte er mit dieser Veränderung gar nicht in erster Linie auf die eigentlichen Belange von Arbeit und Wirtschaft, sondern auf die ihr zu Grunde liegende Kultur »oder das, was man halt noch einigermaßen so nennen kann«. Da müsse man den Hebel ansetzen, wenn irgend Bewegung in die verfahrene Sache kommen solle. Das schien mir zuerst seltsam, aber letztlich hat mir der Doktor den Zusammenhang von Kultur, Wirtschaft und Arbeit auf so eindringliche Weise nahegebracht, dass ich mir seine Sicht zu eigen gemacht habe: Das Leiden, das mich Abhilfe und Erlösung suchen ließ, war ein Leiden an unserer Kultur, an ihrem Mangel und an ihrer in die Irre gehenden Orientierung. An dieser Stelle tat Veränderung not, dort saß die Krankheit, die wir nicht sehen konnten, weil unser gebannter Blick an dem Arbeitsfetischismus der einen und an der Arbeitsunlust der anderen hängenblieb, weil wir fasziniert auf die Symptome starrten, deren Monstrosität uns die Sicht auf ihre Ursachen verstellte.

Eine Änderung unserer Kultur also, das schien mir plötzlich eine plausible Auskunft gegen den Irrwitz der Zeit, der sich in den Arbeitsverhältnissen und im zunehmend verbreiteten Leiden an ihnen nur zeigte, in ihnen aber nicht ihre Ursache hatte. Aber wie sollte das zu bewerkstelligen sein, eine Änderung der Kultur? Wer war dafür verantwortlich oder wenigstens zuständig und wie könnte gewährleistet werden, dass eine Anstrengung mit dem Ziel einer so grundlegenden Veränderung im Zusammenleben der Menschen nicht am Ende in eine ganz verkehrte Richtung ginge? Mit solchen Fragen auf dem Herzen habe ich den Doktor Mallinger verlassen und bin zu meinem Freund Nikos Manikas gegangen. Als Intendant eines der großen europäischen Avantgardefestivals, als unermüdlicher Kämpfer für die Erneuerung, als Agent des Fortschritts, als beredter Anwalt der Menschwerdung des Menschen, wie er den Aufgabenbereich seines Metiers nicht eben bescheiden zu umreißen pflegte, schien er mir der richtige Mann für das große Unterfangen, um das es hier gehen sollte. Meine Fragen schienen ihn in trübsinnige Stimmung zu versetzen. Eine kleine Verzagtheit war in seinen Antworten zu spüren, denn die vom Doktor angemahnte Große Transformation hielt auch er für dringend notwendig. Was aber ihre Verwirklichung anlangte, hatte seine Skepsis stellenweise Züge von Verzweiflung. Alle auf Veränderung zielende Bemühung schien ihm aussichtslos, aber dennoch immerhin nicht gänzlich ohne Sinn. Das scheinbare Paradoxon erklärte er mit der Notwendigkeit eines Konzepts, das es geben müsse, wenn nach der seiner Meinung nach längst unabwendbar gewordenen Katastrophe ein Neuanfang glücken solle. Die Aufgabe der kühnen Neuerer sei es, zu säen und zum Gedeihen zu bringen, was sie selbst nicht mehr ernten würden. Die Stunde der Neuerer sei nicht gekommen, noch nicht. Was jetzt gebraucht würde, seien Wegbereiter. Geduldige Menschen, die im Heute die Fragen von morgen zu antizipieren vermochten, im Stillen Modelle für ihre Lösung zu entwerfen in der Lage und bereit dazu waren, ihren Entwürfen für ein Morgen gegen alle Widerstände der fortdauernden und beharrenden Macht des Überlebten und Vergangenen Mitstreiter zu gewinnen.

Insgeheim und ohne mir das selbst bewusst zu machen, hatte ich vom Rat meiner Freunde wohl anderes erwartet. Gehofft hatte ich auf eine Art Leseanleitung für die Mitteilungen meiner Klienten, einen Schlüssel, der mir ohne weitere Umwege einfach die Befundung der erhobenen Anamnese erlauben würde. Das war eine einigermaßen naive Hoffnung gewesen, und alles, was ich schließlich bekommen habe, waren Hinweise darauf, wo wahrscheinlich zu suchen wäre, Wegweiser in den endlosen Weiten einer Wüste ohne Horizont oder im Dickicht eines zwar dicht bevölkerten, aber seit langer Zeit ohne zielgerichtete Kultivierung gewachsenen Urwaldes. War es jetzt der Wald des unbemerkt Gewordenen, der seinen Bewohnern seine eigenen Regeln auferlegte, die sie irrtümlich für die ihren, für die ihrem Wesen und Wollen entsprechenden hielten? Das Wort von der Herrschaft des Niemand ging mir wieder durch den Sinn, als ich mich entschloss, den Versuch eines Befundes vorerst aufzuschieben und die vorschnell als abgeschlossen betrachtete Anamnese in weiteren Gesprächen mit meinen Klienten fortzusetzen. Zuvor aber habe ich noch einmal eingehend die Aufzeichnungen der Gespräche mit meinen Freunden studiert, mir die Räsonnements des Doktor Mallinger und das Protokoll der Verzweiflung des Nikos Manikas vergegenwärtigt. So gerüstet habe ich dann den zweiten Teil meiner anamnetischen Arbeit in Angriff genommen.

Die Räsonnements des Doktor Mallinger

In dem der Doktor über die Nutzlosigkeit des technischen Fort-
schritts räsoniert und erklärt, warum sich alles ändern muss.

Das kann ich dir erklären, sagte der Doktor Mallinger, warum das
nichts geworden ist mit der 15-Stunden-Woche bis heute, und
warum das auch in absehbarer Zukunft nichts werden wird. Es ist
da ganz einfach zu viel Fantasielosigkeit, zu viel Misstrauen, zu viel
Bequemlichkeit im Eingewohnten und im Eingelebten, zu viel
Mutlosigkeit, und obendrein wohl auch noch eine ordentliche
Portion sehr massiver Eigeninteressen, als dass die Änderungen,
die für das gute Leben notwendig wären, ernsthaft in Angriff genommen werden könnten. Dazu kommt, dass diejenigen, die so
laut predigen, dass ohne eine Vierzigstundenwoche bei uns die
Lichter ausgehen würden, sehr gut von dieser Vierzigstundenwoche leben, die die anderen arbeiten müssen, sie selber aber natürlich
nicht. Das würden die Kerle im feinen Tuch freilich weit von sich
weisen. Sie würden dir erzählen, dass sie selber nicht vierzig, sondern sechzig Stunden arbeiten und dabei so gut wie nie auf Urlaub
gehen. Das ist natürlich Unfug, und meine sehr verehrten Kollegen
von der Fakultät, die Funktionäre und die Shareholder-Interessens-
vertreter müssten nur einmal den guten alten Adam Smith zur
Hand nehmen, den sie immer so üppig im Mund führen. Es war
nämlich genau ihr Adam Smith, der schon vor zweihundertfünfzig
Jahren gezeigt hat, dass Arbeit nicht gleich Arbeit ist, und dass in
der beschämend dürftig entlohnten Stunde, die der Kumpel in der
Grube schuftet, die Reinigungskraft putzt und scheuert, die Kas-
sierin auf ihrem Sitz an der Kassa festgeschraubt ist und die Pflege-
kraft übergewichtige und inkontinente Patienten aus dem Bett
wuchtet ein unendlich viel größeres Quantum an Arbeit steckt, als
in der fürstlich bezahlten Stunde, in der alle diese Klugschwätzer

auf ihren gepolsterten Sitzen in klimatisierten Räumen bei Konferenzen und Meetings verbringen und dafür sorgen, dass sich an den herrschenden Verhältnissen nichts ändert, und am allerwenigsten an der Arbeitslast, die andere Menschen zu tragen haben. Es war ihr angeblich so hochverehrter Adam Smith, der gezeigt hat, dass von Arbeit nur in dem Ausmaß gesprochen werden kann, in dem einer von seiner persönlichen Freiheit, von seiner Bequemlichkeit, von seinem Lebensglück opfert, um einen bestimmten Erfolg herzustellen. Und wer diesen Maßstab anlegt, und welchen anderen sollte man denn anlegen, der wird finden, dass diejenigen, die am meisten arbeiten, am wenigsten dafür bekommen und sich zum Dank für ihre Plage auch noch von wohlbestallten Müßiggängern der Faulheit und Bequemlichkeit zeihen lassen müssen, wenn sie den bescheidenen Wunsch äußern, anstatt vierzig in Hinkunft vielleicht nur fünfunddreißig Stunden dienen zu müssen für ihr vergleichsweise kleines Stück vom Kuchen. Denn der durch die harte Arbeit der Vielen geschaffene Kuchen ist natürlich riesig, und er wächst auch immer noch weiter durch die unermüdliche Tätigkeit der wirklich arbeitenden Menschen. Wäre es anders, könnten die Anzahl der Millionäre und der Milliardäre und ihre Vermögen ja nicht ständig zunehmen, während gleichzeitig die Werktätigen mit realen Einkommensverlusten kämpfen müssen.

Von den Thesen meiner Doktorarbeit habe ich jedenfalls kein Wort zurückzunehmen. Keynes hat recht gehabt. Vollkommen recht. Was er im Jahr 1930 behauptet hat, war ja nicht, dass die Normarbeitszeit im Jahr 2030 nur noch fünfzehn Stunden pro Woche betragen würde. Er hat lediglich vorausgesagt, dass der technische Fortschritt in allen Bereichen alle Voraussetzungen dafür schaffen werde, allgemeinen Wohlstand auf sehr hohem Niveau mit diesem sehr reduzierten Einsatz von menschlicher Arbeit zu erwirtschaften. Dass diese Prognose eintreffen würde, das ist schon außer Zweifel gestanden, als ich meine Doktorarbeit im Jahr 1978 vorgelegt habe. Meiner kleinen Studie habe ich damals die sehr konservative Annahme zugrunde gelegt, dass das Tempo der Entwicklung stagnieren und also auf der Stufe verbleiben würde, die in der ersten Hälfte von Keynes' Prognosezeitraum bereits erreicht war. Selbst unter dieser Voraussetzung wären alle Bedingungen für ein weiteres kräftiges Wachstum des allgemeinen Wohlstands bei deutlich verringerter Inanspruchnahme menschlicher Arbeitskraft längst erfüllt worden. Das exponentielle Wachstum des Fortschrittstempos, das wir seither tatsächlich erlebt haben, ist dafür gar nicht notwendig gewesen. Die Möglichkeit einer radikalen Verminderung der Arbeitslast, die mittlerweile genau so, wie es Keynes vorhergesagt hat, eingetreten ist, ist aber einfach nicht lukriert worden. An meinem Arbeitsplatz habe ich über vier Jahrzehnte hinweg, sozusagen unter Laborbedingungen, beobachten können, wie das versäumt worden ist und auf welche verrückte Weise wir den Ertrag des technischen Fortschritts vertan haben. Die neuen Erfindungen sind nämlich buchstäblich für alles eingesetzt worden, nur für eines nicht: dafür, Menschen von der Arbeit zu entlasten.

Unter Laborbedingungen habe ich das deshalb beobachten können, weil sich bei uns in den vergangenen fünfzig Jahren die Produktion in keiner Weise verändert hat. Mein Konzern erzeugt heute exakt dieselbe Menge desselben Produkts wie damals, nur eben mit den Mitteln, die jetzt überall zur Verfügung stehen. Man kann sich das heute gar nicht mehr vorstellen, aber wie ich im Jahr 1975 in der Verwaltung unserer Theaterunternehmen begonnen habe, war meine Abteilung die technisch am besten ausgestattete im ganzen Konzern. Mir selbst ist eine von insgesamt zwei elektrischen Kugelkopfschreibmaschinen zur Verfügung gestanden. Wer so etwas heute sehen will, muss ins Technische Museum gehen. Die Dinger waren gesundheitsschonend, weil man sich durch das Anschlagen der Tasten keine Sehnenscheidenentzündung mehr zugezogen hat, wie das bei den mechanischen Geräten der Fall war. Außerdem hat die Maschine die Korrektur von Tippfehlern erlaubt, allerdings nur, wenn man die Korrekturtaste vor dem siebenten auf den Fehler folgenden Anschlag gedrückt hat. Weiter hat der Speicher nicht gereicht. In der Konzernzentrale war im zweiten Stockwerk die Kopierabteilung untergebracht. Waren Schriftstücke zu vervielfältigen, konnte man sie dort einreichen und in dringenden Fällen waren bis zu zwölf Kopien eines fünfseitigen Dokuments nach nur vierundzwanzig Stunden abholbereit. Im Parterre stand ein Telex oder, wie man das damals auch genannt hat, ein Fernschreiber. Der Gebrauch des Geräts war anmeldepflichtig, nur für gleichermaßen wichtige wie dringende Kommunikationsbedürfnisse reserviert und wurde nur nach Vorlage einer vom Abteilungsleiter paraphierten Arbeitsanweisung gestattet. Ausgesendete Nachrichten wurden in roter, empfangene in schwarzer Farbe ausgedruckt. Während mit dem Gerät gesendet wurde, war die Empfangsfunktion blockiert. Textverarbeitungsmaschinen oder Computer hatte niemand, Mobiltelefone gab es nicht. Die technische Ausstattung der Theater unseres Konzerns war auf demselben Stand wie jene in unseren Büros. Verschiedenfarbiges Licht für die Szene ist erzeugt worden, indem mit Scheren viereckige Stücke aus bunten Folien geschnitten wurden, die man dann in Metallrahmen gesteckt hat, welche vor den Linsen der Scheinwerfer montiert waren. Farbwechsel sind durch das Verschieben dieser Rahmen bewerkstelligt worden, das natürlich händisch erfolgt ist. Hinter den Scheinwerfern sind Männer gestanden, welche die Projektoren zu bedienen und mit dem Lichtkegel den Bewegungen der Protagonisten auf der Bühne zu folgen hatten.

Aber, wie gesagt: Das Produkt, das mit dieser heute prähistorisch anmutenden Ausrüstung geschaffen worden ist, war exakt dasselbe, das unser Konzern auch heute herstellt. Dreihundert Mal im Jahr geht in unseren Häusern der Vorhang hoch, heute genau so wie vor fünfzig Jahren. Dazu werden ein paar Gastspiele gegeben, meistens in Übersee, auch das heute genau so wie damals. In jedem Stockwerk der Konzernzentrale stehen jetzt aber mehrere Kopiergeräte, auf jedem Schreibtisch steht ein schneller Rechner, der unsere Mitarbeiter mit Hilfe hochwertiger Glasfaserkabel in Sekundenschnelle mit der ganzen Welt verbindet. Natürlich verfügt jeder Beschäftigte über wenigstens ein Mobiltelefon, und die vollautomatisierten Anlagen unserer Häuser erzeugen jede denkbare Lichtstimmung auf Knopfdruck. Es ist kaum zu glauben, aber mit all diesen Mitteln wird tatsächlich weder eine größere Anzahl von Vorstellungen produziert, noch haben die Aufführungen höhere Qualität oder die Zuschauer mehr Freude daran als früher. Auch die Arbeit ist erstaunlicherweise nicht weniger geworden, und das trotz des Ausmaßes an Automatisierung der meisten Abläufe und trotz der vielen technischen Hilfsmittel, die heute zur Verfügung stehen, um uns die Arbeit abzunehmen oder zumindest zu erleichtern. Der Personalstand ist nicht nur nicht gesunken, er hat im Gegenteil sogar leicht zugenommen, und dass der Druck, unter dem die Kollegen stehen, in den letzten fünfzig Jahren geringer geworden ist, wird niemand behaupten wollen. Den ersten Fall von Burnout hat es in unserem Konzern überhaupt erst im Jahr 2004 gegeben, als alle die vielen Hilfsmittel zur Erleichterung der Arbeit schon verfügbar waren, von denen ein Vierteljahrhundert zuvor, als ich ins Unternehmen gekommen bin, nur die wenigsten auch nur zu träumen gewagt haben.

Über die Jahre habe ich mich immer wieder gefragt, wo eigentlich der Mehrwert all der technischen Innovationen geblieben ist, deren Nutzung in unserem Betrieb ich mit großem Engagement und mit Begeisterung vorangetrieben habe. Ein guter Teil davon wird sicher vom immer größeren Aufwand verschluckt, den wir in unsere Bühnenproduktionen stecken, ohne dass diese dadurch besser würden, als sie es vor fünfzig Jahren gewesen sind. Ein anderer, vielleicht gar nicht viel kleinerer Teil, verschwindet in der Administration und Wartung der neuen Technologien, die wir zum Zweck der Arbeitsersparnis einsetzen. Mit den verfügbaren technischen Einrichtungen und mit jedem neuen Computerprogramm wachsen zudem auch die Ansprüche in den Bereichen von Kommunikation und Dokumentation. Täglich vergeht jetzt gut eine Arbeitsstunde mit der Lektüre von Nachrichten, die einen nicht im Geringsten betreffen, und die man mit einer Vielzahl anderer nicht involvierter Kolleginnen erhält, einfach, weil man sicherheitshalber in den Verteiler aufgenommen worden ist. Ich habe mir die Situation auch in anderen Branchen angesehen. Da werden technische Neuerungen meistens hauptsächlich zur Intensivierung von Produktion und Konsum genützt. Die Dinge werden größer, schneller, lauter, bunter und manchmal, aber keineswegs immer, vielleicht auch irgendwie besser. Aber im Wesentlichen wird der technischen Fortschritt eben zur Erzeugung irgendeines Mehr eingesetzt. Nur zur Entlastung der arbeitenden Menschen werden die neuen Möglichkeiten nie genützt. Wäre es anders, dann müsste die Normarbeitszeit in den vergangenen fünf Jahrzehnten massiv gesunken sein und heute irgendwo in der Gegend der fünfzehn Wochenstunden liegen, die Keynes zu Recht als erreichbares Ziel errechnet hat. Diese Chance wurde und wird nicht genutzt, und mehr noch, sie wird nicht einmal gesehen. Sie kann auch gar nicht gesehen werden, weil der Blick der Ökonomen und der von ihnen gegängelten Wirtschaftspolitik auf ganz andere Ziele als auf die Befreiung der Menschen vom Arbeitsdruck gerichtet ist, nämlich auf die Anhäufung von Gütern, auf die ständige Mehrung von Vermögen und, zur Absicherung des permanenten Wachstums, auf das Erringen von Vorteilen im Wettbewerb mit anderen, die dieselben sinnlosen Ziele verfolgen. Dafür braucht es niemals ruhende Anstrengung und den vollen Einsatz aller verfügbaren Kräfte, also Vollzeitbeschäftigung für alle. Wer aber Vollbeschäftigung will, kann nicht gleichzeitig wünschen, dass die Arbeit weniger werden soll. Ganz im Gegenteil muss er darauf sinnen, wie immer mehr und immer neue Arbeit geschaffen werden kann, zusätzlich zu jener, die jetzt von den Maschinen geleistet wird. Außerdem muss jeder denunziert werden, der auch nur laut darüber nachdenken will, ob etwas weniger nicht vielleicht mehr wäre, und es muss massiver Druck gegen alle aufgebaut werden, die dem Arbeitsmarkt nicht oder wenigstens nicht mit ihrer ganzen Kraft zur Verfügung stehen wollen. Das geschieht auch. Das machen Interessensvertreter von Investoren, die sich dabei als Vertreter der Wirtschaft ausgeben. Im Namen der Wirtschaft verlangen sie, dass der Druck nicht nur auf Erwerbslose erhöht wird, sondern dass auch alle jene stärker ins Visier genommen werden, die nicht wenigstens vierzig Stunden pro Woche Lohnarbeit leisten wollen oder können. Das sind zum größten Teil Frauen, auf denen gute zwei Drittel der in den Haushalten unentgeltlich zu leistenden Reproduktionsarbeit für Mann und Kind lasten. Denen wird mit Altersarmut gedroht, wenn sie in die Teilzeitfalle tappen und nicht noch nebenher das volle Pensum an Erwerbsarbeit abliefern. Altersarmut und Teilzeitfalle sind aber keine kosmischen Gesetze, nichts, was wie der ewige Lauf der Gestirne unveränderlich wäre. Die Falle ist von Menschen aufgestellt und kann von ihnen natürlich auch wieder beseitigt werden. Der Preis dafür ist nichts weiter als eine sinnvolle Verteilung des erwirtschafteten Reichtums. Das wäre für alle Beteiligten gut, und es ist auch machbar, wenn nur die einen von der Verfolgung ihrer verqueren Interessen, und die anderen von ihrer Mutlosigkeit lassen wollten. Beide zusammen haben sich nämlich zu jenem giftigen Amalgam verdichtet, das wir heute als Arbeitsgesellschaft kennen.

Die Arbeitsgesellschaft, das ist eine Gesellschaft, in der Ruhe, Verweilen, Nachdenken und Maßhalten bei Tätigsein und Verbrauchen nichts gelten, und Ansehen und Respekt nur der genießt, der rastlos schafft und das Geschaffene ebenso rastlos alsbald wieder verbrennt und durch Neues ersetzt. Verstehen wird in einer solchen Gesellschaft durch Können ersetzt, Kultur durch Produktion. Das heimliche Glaubensbekenntnis des Ameisenstaates, in dem sich diese Arbeitsgesellschaft heimisch fühlt, ist im 19. Jahrhundert von Andrew Carnegie formuliert worden. Chemie und

Mechanik sollten die jungen Leute lernen, das sei mehr wert als die Kenntnis aller toten Sprachen zusammengenommen, und Telekommunikationstechnik und Buchhaltung, das sei nützlicher als alle klassische Bildung. Carnegie war der reichste Mann seiner Zeit, und seine Auffassung von Nützlichkeit ist das Credo, das die Kultur auf einen Nischenplatz verweist, ins Ausgedinge im Kunstghetto. Gleichzeitig wird die Arbeit auf den höchsten Altar erhoben, sie wird zur Grundlage menschlicher Gemeinschaft schlechthin und begründet eine neue Gesellschaft, eben die Arbeitsgesellschaft. An diese Arbeitsgesellschaft klammern sich nun alle fest, weil ihnen eingeredet worden ist, dass an ihr unser Wohlstand hängt. Dieser Glaube hat sich zu einer regelrechten Religion verdichtet. Und die Propheten dieser Afterreligion sind meine hochverehrten Studienkollegen und ihre Nachfahren, die heute die Lehrstühle an den Wirtschaftsuniversitäten besetzen und als Vertreter des Mainstreams, wie sie das nennen, die alten Dogmen der Orthodoxie nachbeten und sich mit ihren vertrackten Glaubenssätzen in den Hirnen der Politiker und in den angsterfüllten Herzen der Menschen einnisten. Die Orthodoxie regiert heute in den Wirtschaftswissenschaften, und das finden anscheinend alle ganz normal, während die Suche nach den so dringend notwendigen Alternativen als querulatorische Besserwisserei abgetan wird. Orthodoxie in den Wissenschaften, wenn ich das schon höre! Für die Gläubigen der Offenbarungsreligionen mag das ja eine konsequente und vernünftige Haltung sein. Am Wort eines allmächtigen, allweisen und allgütigen Schöpfergottes kann es einen vernünftigen Zweifel naturgemäß nicht geben. In den Wissenschaften aber bezeichnet die Orthodoxie das reaktionäre Festhalten an Erkenntnissen und Methoden vergangener Jahrhunderte, sie ist das Synonym für Denkfaulheit und für das stumpfsinnige Wiederkäuen von mühsam Erlerntem. Der oberflächliche Augenschein gibt diesen Kollegen dabei anscheinend immer recht, weil es häufig unbestreitbare Tatsachen sind, auf denen ihre unrichtigen Schlussfolgerungen und

Behauptungen beruhen. Wer hinter diesen Schein schaut, der sieht aber sehr bald und sehr leicht, dass das Anscheinende nichts weiter ist als ein Scheinbares, ein Gaukelspiel, veranstaltet von durchaus interessierten Kreisen. Was zum Beispiel jeder sehen kann ist, dass wir niemals weniger, sondern im Gegenteil immer mehr werden arbeiten müssen, wenn wir uns am Wohlstandsbegriff der Orthodoxen orientieren: immer größer, immer lauter, immer schneller und vor allem immer mehr von allem und von jedem. Menschen brauchen das nicht, aber unser Wirtschaftsmodell braucht es, wenn es unverändert fortbestehen soll. Wenn wir wollen, dass es weiterhin nicht nur Milliardenvermögen in den Händen Einzelner geben, sondern dass sie auch weiterhin ständig wachsen sollen, und zwar umso schneller und um so mehr, je schlechter die Verhältnisse für Normalsterbliche werden, wie das zuletzt unter den Bedingungen der Pandemie gewesen ist, dann werden wir auch weiterhin sehr viel arbeiten müssen.

Wir können freilich auch die skurril einfältigen Vorstellungen von Wohlstand verändern, die uns jeden Tag ins Bergwerk schicken. Dort werden wir auch in Zukunft sehr viel Lebenszeit verbringen müssen, wenn wir den Wohlstand an Kontoständen, Bruttoinlandsprodukten und dem tausenderlei Zeugs messen, mit dem wir die Mischung aus Überforderung und Langeweile wegshoppen, die von einer Gesellschaft erzeugt werden, die sich auf Arbeit statt auf Kultur gründet. Um den halben Preis an Anstrengung, den die Arbeitsgesellschaft fordert, könnten wir eine andere Art von Wohlstand bekommen, nämlich saubere Luft, sauberes Wasser, gesunde Böden, Artenvielfalt, unverbaute und frei zugängliche Natur, Stille und Bildung, Zeit für die Familie, für soziales Engagement, für Sport und für die Nutzung all unserer schönen Kulturgüter, für die wir jetzt nur das Geld, aber leider keine Zeit haben. Die Menschen wissen übrigens sehr gut, dass sie gerade mit ihrer Arbeit zur Erderwärmung, zur Beschädigung des ökologischen Gleichgewichts, zu Dürre, Überschwemmungen und zum Artensterben beitragen. Sie wissen, dass wir längst an einem Punkt angelangt sind, an dem ein guter Teil ihrer Mühe und ihres Fleißes mehr Probleme schafft, als er Nutzen stiftet. Aber sie verdrängen dieses Wissen, weil sie keine Veränderung für möglich halten, und weil ihnen die als zuständig anerkannten Wissenschaften versichern, dass es auch keine geben kann. Nur, weil nicht zu haben ist, was sie eigentlich wollen, nämlich Zeit für ihre Lieben, Ruhe und Frieden, kaufen die Menschen all den Klimbim als eine Kompensation, für die sie teuer bezahlen müssen. Wie die Indios im sechzehnten Jahrhundert den Spaniern ihr Gold für eine Handvoll Glasperlen gegeben haben, so geben die Menschen heute ihre kostbarste Lebenszeit im Tausch für das Talmi, das ihnen vom internationalen Versandhandel tonnenweise ins Haus geschippert wird. Gearbeitet wird dafür Tag und Nacht, und trotzdem mangelt es hinten und vorne an Arbeitskraft, weil die Forderungen des Marktes ohne jedes Maß und Ziel sind, und weil sie immer weiter wachsen, wenn man sie erfüllt. Das hält die Menschen nicht davon ab, dem Monster mit ihrer besten Lebenskraft zu dienen. Das ist kaum zu glauben, weil die menschliche Vernunft doch vollkommen klar sagt, dass in der aktuellen Situation Beschränkung der Produktion und damit natürlich auch Reduktion der Arbeitstätigkeit notwendig ist. Tatsächlich gehandelt wird aber nicht nach dem Maßstab menschlicher, sondern nach dem Maßstab der herrschenden ökonomischen Vernunft, die keine ist, weil sie nie das Ganze ins Auge fasst, sondern, vollkommen fixiert, nichts zu sehen vermag als Gewinn, Geld und Vermögenszuwachs. Die Menschen suchen ihr Heil in der Arbeit, in der sie es nicht finden werden, und ändern wird sich daran gar nichts, solange sich das nicht ändert, was wir irrtümlich für unsere Kultur halten. Das, was wir unsere Kultur nennen, ist nämlich keine. Wenn wir von Kultur sprechen, denken wir an Küche und Keller, im besseren Falle noch an Mode, an schöne Bücher, Musik, Theater, Tanz, Film, Museen und Bildergalerien. Meistens bekommen wir da aber nicht viel mehr als Kunst, und wenn man verstehen will, wie unbegründet die gängige Vermutung ist, wo Kunst ist, müsse auch Kultur sein, braucht man sich nur in Erinnerung zu rufen, dass beispielsweise die Hälfte aller Mitglieder der Wiener Philharmoniker Mitglieder der Nazipartei gewesen sind, während der Anteil von Parteigenossen in der Gesamtbevölkerung gerade einmal bei zehn Prozent lag. Die Musiker mögen durchaus Künstler gewesen sein, *Kulturschaffende* waren sie mit Bestimmtheit nicht, sondern, ganz im Gegenteil, Advokaten der niedrigsten und widerwärtigsten Unkultur der Menschheitsgeschichte, in deren Dienst sie ihre Fertigkeiten gestellt haben. Kultur zeigt sich eben nicht in einem Bündel von Kunstanstrengungen, sondern in einer einigermaßen homogenen Verteilung von Einkommen, in gerechter Güterverteilung, am Maß von Frieden, Sicherheit, Schutz der Menschenrechte und am Ausmaß der Allmende, also der Güter, die allen zur Verfügung stehen und die nicht einer zahlungskräftigen Minderheit vorbehalten sind. Der Grad, in dem eine Gesellschaft diese Art von Wohlstand gewährleistet, ist zugleich der Grad, in dem sie als Kulturgesellschaft bezeichnet werden kann. Die Frage, ob in der Oper schön gesungen wird und in den Museen interessante Ausstellungen gezeigt werden, ist in Hinblick auf die Kultiviertheit einer Gemeinschaft vollkommen vernachlässigbar. Wenn die Kultur, von der ich spreche, der Kompass wäre, der dem Handeln unserer Gesellschaft Richtung und Sinn gibt, dann wären wir schon längst bei der Fünfzehnstundenwoche und gutem Wohlstand für alle angelangt. Der Kompass, der unser Handeln aber tatsächlich bestimmt und ihm Richtung, aber keinen Sinn gibt, ist jedoch seit Jahrzehnten auf Gewinnmaximierung, Überproduktion, Überkonsum, Wachstum der Mobilitätsindustrie, Versiegelung von Böden und die Konzentration von Vermögen in den Händen einiger weniger Personen eingestellt. Das und nichts sonst ist der Grund, aus dem es jetzt seit einem halben Jahrhundert, dem unfassbaren technischen Fortschritt zum Trotz, keine bedeutende Verkürzung der Normarbeitszeit mehr gegeben hat.

Und wenn du mich jetzt also fragst, was der Normalzustand wäre und an welchem Maßstab gemessen werden soll, wieviel Arbeit die Gemeinschaft von jedem mit Fug und Recht verlangen kann, so dass sie von jedem an Leib und Seele gesunden Menschen auch gerne geleistet werden wird, dann sage ich dir, das dieser Maßstab die Kultur ist, die uns leider fehlt, und auf keinen Fall die Erfordernisse des gegenwärtigen Betriebs unserer aus dem Ruder gelaufenen Wirtschaft, und schon gar nicht das angebliche Wesen des Menschen, wie er als *homo oeconomicus* in den Hirnen meiner Kollegen an den Wirtschaftsuniversitäten herumspukt. In der Wirklichkeit gibt es diesen Wirtschaftsmenschen nicht, der existiert nur in den Lehrbüchern. Er ist egoistisch, asozial, von einer durch keinen Reichtum der Welt zu stillenden Gier nach immer mehr Besitz besessen und bereit, bis zum Umfallen zu arbeiten, um diese Sucht nach einem leeren Mehr zu befriedigen. So sehen die orthodoxen Ökonomen das Wesen des Menschen, und im Namen dieser Kopfgeburt muss immer mehr und immer weiter produziert werden, Tag und Nacht, an dreihundertfünfundsechzig Tagen im Jahr, und in Schaltjahren an dreihundertsechsundsechzig. Was die angesehenen Vertreter des sogenannten Mainstreams in den Wirtschaftswissenschaften für den Normalzustand des Menschen halten, hat Keynes in seinem Aufsatz übrigens als eine einigermaßen ekelerregende Erkrankung bezeichnet, als eine halb kriminelle, halb pathologische Neigung, für deren Opfer man nichts weiter tun könne, als sie mit Schaudern der Betreuung durch Fachärzte für Geisteskrankheiten zu überantworten. Wenn Du einen Ökonomen vom Wesen des Menschen reden hörst, dann weißt Du, dass er ein haltloser Schwätzer ist und alles, nur kein Wissenschafter. Das sage ich Dir als Ökonom. Unsere Disziplin verfügt nicht einmal über den Ansatz einer Methode, die es uns erlauben würde, irgendeine Aussage über das Wesen des Menschen zu machen. Trotzdem liegen genau diese haltlosen Behauptungen über den Menschen den Theorien jener Ökonomen zugrunde, die heute in den Staatskanzleien der Wirtschaftspolitik die Richtung vorgeben. Deshalb kann der technische Fortschritt nicht genutzt werden, um Menschen vom Arbeitsdruck zu entlasten, und deshalb fehlt es hinten und vorne an Arbeitskraft dort, wo sie wirklich gebraucht wird, wo aber kein Geld zu machen ist.

Die Fünfzehnstundenwoche bei hohem Lebensstandard für alle wird es geben, wenn wir gelernt haben werden, von der Technik, die uns heute zu Gebote steht, einen zivilisierten Gebrauch zu machen. Dafür benötigen wir etwas, das wir nicht haben, nämlich Kultur. Und wenn heute in jedem zweiten Feuilleton zu lesen steht, dass der kulturelle Fortschritt der Menschheit mit ihrem technischen Fortschritt nicht Schritt gehalten hat, so ist das noch nicht einmal die halbe Wahrheit. Tatsächlich ist die Entwicklung gegenläufig. Was wir an Technik dazugewinnen, verlieren wir an Kultur. Unsere Kultur ist ein Museumsstück, das wir ins Kunstghetto verräumt haben und dort zur sentimentalen Besichtigung in Theatern und Museen ausstellen. Soweit sich unsere europäische Zivilisation zur Verwaltung dieser Restbestände überhaupt noch Regierungsämter leistet, sind es zumeist nachgeordnete Spektakelreferate, Staatssekretariate ohne jeden Einfluss auf das tatsächliche Geschehen in unseren Gesellschaften, die für die Behübschung des Lebens, für gehobene Unterhaltung, oder im besten Fall für ein bisschen Schöngeistigkeit zuständig sind, aber nie für das Tatsächliche des Lebens. Dabei müssten genau die Kulturressorts mit der Richtlinienkompetenz für die gesamte Regierungsarbeit ausgestattet sein. Von den Kulturministerinnen müssten die Zielsetzungen vorgegeben werden, die von Wirtschaft, Finanz, Verkehr, Städteplanung, Gesundheit und allen anderen Fachministern zu erfüllen sind. So lange wir der Vermögensvermehrungsreligion, die heute unser Leben und das Quantum der von jedem zu tragenden Arbeitslast bestimmt, nicht eine gefestigte Kultur entgegensetzen können, eine Kultur, die nicht ein Bündel der niedrigsten Instinkte zum Wesen des Menschen verklärt, sondern sich an der Idee eines sozialen Humanismus orientiert, so lange wird die Arbeit immer mehr und niemals wieder weniger werden, ganz gleich, welche Maschinen und Apparate unsere Ingenieure noch erfinden werden. Für die Formulierung, für die Gestaltung einer solchen Kultur ist in unseren Regierungen aber niemand zuständig und für ihre Etablierung schon gar niemand. Diese Aufgabe haben wir an den freien Markt delegiert. Die unsichtbaren Hände des freien Marktes sind seit ihrer Erfindung aber noch nie für die Entlastung der Menschen tätig geworden. Dafür war immer nur die Kultur zuständig, die der Markt mittlerweile so nachhaltig in seine Gewalt gebracht hat, dass sie sich ständig die in allem Ernst und sehr autoritativ gestellte Frage gefallen lassen muss, ob sie sich eigentlich rechnet. Unsere Kultur müssen wir neu erfinden und ihr den Primat über die stupiden Forderungen des Marktes zurückgewinnen. Wenn uns das nicht gelingt, werden wir auch weiterhin den besseren Teil unseres Lebens in der Tretmühle zubringen.

Die Verzweiflung des Nikos Manikas

*In dem die Speerspitze der Avantgarde erklärt, dass sich gar nichts
ändern wird.*

Als ich im dichten Schneetreiben zu meinem Freund Nikos Manikas
stapfte, fiel mir ein, dass es wahrscheinlich keine gute Idee war, ihm
gerade in dieser Jahreszeit einen Besuch abzustatten und ihn mit
Fragen zu überfallen, die seinen wundesten Punkt berühren würden. Weihnachten war nahe und das Jahr war alt. Gerade in diesen
Tagen mussten Fragen nach dem Neuen, nach einer neuen Kultur
zumal, einen wie ihn besonders empfindlich treffen. Das Neue
nämlich, das knapp zwölf Monate zuvor überkommenem Brauch
folgend in Ansprachen und Wünschen beschworen worden war,
das Neue also hatte sich, einmal mehr, auch im vergehenden Jahr
nicht zeigen wollen. Das störte nun weiter kaum jemanden, denn
so laut die Menschen das Neue auch herbeiwünschen, so sehr
hoffen sie doch in ihrem Innersten, dass alles so bleiben möge, wie
es nun einmal ist. Freilich, eine kleine Bewegung an der Oberfläche,
eine sanfte Brise, eben stark genug, um die ruhig daliegende Wasserfläche des gewohnten Alltags freundlich zu beleben, war immer
willkommen, solange nur das Fundament und mit ihm alles grundlegend und tatsächlich das Leben Bestimmende unbewegt und die
gewohnte Ordnung der Dinge gewahrt blieb. Das blieb sie nun allerdings und war sie, wenn auch unter wechselnden Masken, schon
lange geblieben. Und so blickten denn die Menschen dem nahenden
Weihnachtsfest und dem darauffolgenden Jahreswechsel ruhig und
zufrieden entgegen, und auch mein Freund Nikos Manikas hätte
den Festen ruhig und zufrieden entgegenblicken können, denn im
Grunde dachte und fühlte er wie alle. Oder, genauer gesagt, im
Grunde fühlte er wie alle und hätte wohl auch gerne wie alle gedacht, wenn wie alle zu denken ihm nicht von Berufs wegen ver-

wehrt gewesen wäre. Manikas nämlich war qua Amt zur Begünstigung, Förderung und Ermöglichung des Neuen verpflichtet, wenn nicht gar für seiner initiative Heraufführung verantwortlich. Von ihm, dem Intendanten von *xenos*, dem größten und ältesten Avantgardefestival Europas, wurde das Neue nicht nur erwartet, sondern geradezu mit Nachdruck gefordert. Das war nun eine leidige Pflicht, weil es für das Neue, allen Beteuerungen und Lippenbekenntnissen zum Trotz, weder Interesse noch einen Markt gab. Wo immer das Neue gefordert wurde, waren damit stets nur der äußere Schein und die technische Innovation gemeint, die vor allem eines sollten, nämlich das Verharren im Gewohnten ermöglichen.

Mit den Jahren hatte diese Einsicht das Gemüt des Intendanten vielleicht nicht geradezu verdüstert, aber eine gewisse Neigung zu depressiven Verstimmungen schien mir an ihm doch bemerkbar geworden zu sein. Auf meinem Weg zu ihm fiel mir unsere letzte Begegnung und seine ausufernde Klage über die Eventkultur ein, von deren Forderungen er und sein Festival bedrängt und mit deren Hervorbringungen der Markt überschwemmt und die Menschen verblödet würden. Die englische Vokabel *event* werde ja wohl zutreffend mit dem Wort »Ereignis« ins Deutsche übertragen, aber der in die deutsche Veranstaltersprache eingewanderte Event sei geradezu das Gegenteil eines Ereignisses. Der Event sei nichts weiter als ein planmäßig hergestelltes Nichts. Das Entscheidende an ihm sei, dass er stattgefunden hat, und dass man dabei gewesen ist. Dem Event folge am nächsten Tag ein anderer, welcher allfällige Restspuren des Erinnerns an jenen vom Vortag vollkommen auslöschen würde, was gewiss kein Schaden sei. Die Bedeutung des Events liege in seiner vollkommenen Bedeutungslosigkeit. Das Ereignis hingegen sei etwas grundlegend anderes, vollkommen unplanbar, es stelle sich ein, unverhofft und selten genug, auf geheimnisvolle Weise. Wer Zeuge eines wirklichen Ereignisses würde, werde von diesem tief berührt, verwandelt und von der Erfahrung durch ein ganzes Leben begleitet. Events sind der Alltag,

Ereignisse sind das Wunderbare, das Unsagbare, das Hereinbrechen des Neuen, das uns den Weg ins Morgen weist. Seine Aufgabe sehe er, Manikas, nun darin, Räume zu schaffen, in denen ereignishaftes Geschehen denkbar würde, ein Geschehen, das dem Neuen, das doch so dringend Not täte, Bahn brechen könnte. Die Chancen dafür stünden aber mehr als schlecht, zu groß sei die Beharrungskraft des Alten, so überlebt und abgestorben könne es gar nicht sein, dass es nicht immerhin Kraft genug hätte, dem keimenden neuen Leben noch für lange Zeit die Luft zum Atmen und zum Werden zu nehmen. Die Vorstellung, dass etwas auch anders sein könnte, als es gerade ist, hätte eben schon immer enorme Schwierigkeiten bereitet. Das Vorfindliche, die sogenannten Gegebenheiten, setzten den nur angeblich freien Gedanken sehr enge und fast unübersteigbare Grenzen. Die Macht des Faktischen hänge als Zentnergewicht an den Flügeln der Fantasie, sie erlaube kein Denken in Möglichkeiten und halte die überwältigende Mehrheit der Menschen fest auf dem Boden der Tatsachen, auch solcher, die in rein gar nichts bestünden, als in dem allgemeinen Glauben an ihre Tatsächlichkeit.

Diese Rede, die mir Manikas zuletzt gehalten hatte über die gewaltigen, nahezu unüberwindlichen Kräfte, die sich jeder Erneuerung entgegenstemmten, kam mir nun in den Sinn, da ich auf dem Weg war, um mit ihm über den Entwurf und die Durchsetzung jener neuen Kultur zu sprechen, welche der Doktor Mallinger als die unverzichtbare Voraussetzung jeden Gedankens an eine Minderung der von den Menschen zu tragenden Arbeitslast bezeichnet hatte. Denn die Auskunft des Doktors schien mir plausibel. Natürlich, wie sollte denn diese Last geringer werden, wenn die alles bestimmende und beherrschende Unkultur im Grunde nichts forderte als eben das: Arbeit, Arbeit und wieder Arbeit. Immer mehr Arbeit zur Mehrung bereits bestehender Vermögen und zur Schaffung weiterer Arbeitsplätze. Diese Unkultur sollte, wie der Doktor meinte, von einer Kultur ersetzt werden, einer neuen Kultur, die besseren als diesem dümmsten aller denkbaren

Ziele dienen und gerade dadurch diesen Namen erst verdienen würde. Wenn ich mit dieser Frage nun ausgerechnet meinen Freund Manikas aufsuchte, der mir noch wenige Wochen zuvor in heftigen Worten die Aussichtslosigkeit eines solchen Unterfangens vor Augen gestellt hatte, so geschah dies aus zwei Gründen. Der erste war schlichte Ratlosigkeit, denn auch die andere Feststellung des Doktors war mir plausibel erschienen, dass nämlich für den Entwurf einer zukunftsfähigen Kultur in unseren Gesellschaften genau niemand zuständig sei. Der zweite Grund aber lag in der Person meines Freundes Nikos selbst. Der war nämlich, seiner trübsinnigen Prognosen ungeachtet, ein ausgewiesener Weltverbesserer und nichts konnte ihn mehr in Rage versetzen, als wenn er diese heiligste Pflicht jedes Menschen, die Pflicht, die Welt zu verbessern, verächtlich gemacht oder verspottet sah. Legendär geworden war die Philippika, die er bei einem der stets politisch aufgeladenen Publikumsgespräche seines Festivals einem prominenten Wirtschaftskämmerer gehalten hatte und die ihn fast sein Amt gekostet hätte. Der hochrangige, aber etwas biedersinnige Funktionär hatte die bestehenden Verhältnisse gepriesen und mit einfältigem Stolz verkündet, es seien immer die Weltverbesserer gewesen, die die Welt ins Unglück gestürzt hätten. Er selbst jedenfalls sei keiner und wolle auch keiner sein. Da war er bei Nikos an den Rechten gekommen: Der Herr sei kein Weltverbesserer, nun, das sei ja allgemein bekannt. Und er wolle auch keiner sein? Sehr gut, und warum genau denn nicht? Weil der Herr die Welt so wunderbar und an allen Ecken und Enden gerecht eingerichtet finde? Weil er weit und breit nichts sehen könne, das dringend verbessert werden müsste? Oder nur, weil der Herr Funktionär für sich selbst ein trockenes Plätzchen gefunden habe und in seiner satten Bequemlichkeit nicht gestört zu werden wünsche? Der Herr möge ihm bitte einmal Auskunft geben, mit welchem Recht einer überhaupt Anspruch auf den Namen eines Menschen machen könne, der es sich angesichts der aktuellen Lage herausnehme, nichts zu Verbesserung der Welt beitragen zu wollen und sich darauf offenbar auch noch etwas einbilde. Die Weltverbesserer, das seien Menschen mit einer redlichen Mission, Frauen wie Bertha von Suttner, Margarete Schütte-Lihotzky, Mutter Teresa, Ariane Mnouchkine und Männer wie Gandhi, Albert Schweitzer oder Henry Dunant, von denen keiner die Welt ins Unglück gestürzt, sondern sie alle mit ihrem ernsthaften Bemühen ein Stück weit besser gemacht hätten. Das Unglück der Welt seien die öden Krämerseelen, die trägen Zuschauer, die ihre unerträgliche Gleichgültigkeit gerne als weise Abgeklärtheit verkauften und mit ihrer widerwärtigen Klugscheißerei – Manikas sagte wirklich: widerwärtige Klugscheißerei – den Jungen nicht nur ein denkbar schlechtes Beispiel gäben, sondern ihnen auch den Mut raubten und die Hoffnung stählen.

Damals habe ich es nicht sehen können, aber später habe ich es verstanden: Es war nicht der Skeptiker und auch nicht der Avantgardist, den ich mit meiner Frage nach der Kultur, nach einer neuen Kultur aufsuchte. Es war der Weltverbesserer in Manikas, von dem ich Antwort und Hilfe hoffte. Denn, ohne dass ich es gleich bemerkt hätte, das Gespräch mit dem Doktor Mallinger hatte meine Fragestellung verändert. War ich zu ihm noch auf der Suche nach Rat und Auskunft über einen tauglichen Maßstab für ein gerechtes, sinnvolles und zuträgliches Quantum an Arbeit gekommen, das jedem Menschen als sein Beitrag zum Ganzen abverlangt werden durfte, so hatte ich ihn in der Überzeugung verlassen, dass ein solcher Maßstab nur in einer an sozialen und humanistischen Ideen orientierten Kultur gefunden werden könnte, und dass es unserer Zeit eben an dieser mangle. Über das Maß, an dem ich meine Befunde zu orientieren hätte, meinte ich mich jetzt also im Klaren, aber wo es finden? Denn auch ein weiteres Diktum des Doktors hatte ich mir, ohne mir darüber bewusst Rechenschaft zu geben, zu eigen gemacht: Dass für Kultur in unseren Gesellschaften und unseren Regierungen niemand zuständig sei, und dass die Kultur ihren Platz als Richtungsweiserin unserer Gemeinwesen an die stumpfe Zwecklogik des Marktes delegiert hätte, dessen seelenlose Forderungen die Menschen als Zugtiere an die Deichsel eines Karrens schmiede, den zu ziehen wir uns längst sparen könnten, wenn nicht äußerste Kulturlosigkeit die sinnvolle Nutzung der technischen Errungenschaften unserer Zeit verhindern würde. Die Kultur aber, so musste ich wohl gedacht haben, die Kultur als jene Kunsterfindung, die allein den Menschen über das rein Animalische erheben konnte, war noch nie von den kühlen Pragmatikern, von rechnenden Kaufleuten und Realisten aller Art geschaffen worden, sondern immer nur von den Weltverbesserern, und in dieser mehr gefühlten als gedachten Überzeugung habe ich wohl den Intendanten aufgesucht. Verlassen habe ich ihn ohne viel Hoffnung darauf, die Entmachtung der vollkommen irrationalen Marktreligion durch eine auf Vernunft und gutes Maß gegründete humane Kultur noch selbst zu erleben. Dafür fühlte ich mich aber von einem Zwang befreit, vom spezifischen Blick des Therapeuten, dessen Perspektive mir plötzlich als eine *idée fixe* erschien, die weder meinen Klienten noch mir weiterhelfen konnte.

Eine neue Kultur will er also, dein Doktor Mallinger! Nikos Manikas lachte übers ganze Gesicht. Wie alt ist er denn, der Doktor? Das wird er nicht mehr erleben, fürchte ich. Kultur hat nämlich eine Voraussetzung. Sprache. Ohne Sprache, keine Kultur. Geredet wird bestimmt genug, nur die Sprache ist uns leider abhandengekommen, nämlich jene, die den Boden für eine Kultur abgeben könnte, wie sie dein Doktor im Sinn zu haben scheint. Für die Artikulation unserer Primärbedürfnisse reicht unser Vokabular. »Ich Hunger« und »Alles mir«, das können wir gerade noch sagen. Aber eine Sprache, wie sie für die Begründung einer Kultur notwendig ist, die haben wir nicht. Eine Sprache, in der irgendetwas Wesentliches gedacht, verstanden und mitgeteilt werden kann, eine Sprache, über deren Begriffe wenn schon kein fragloses, so doch ein weitgehendes Einverständnis herrscht, eine solche Sprache fehlt uns.

Sie fehlt uns, weil sie ganz vorsätzlich und gezielt zerstört worden ist. Worte sind klingende Lautfolgen geworden und ohne jeden Sinn. Begriffe, auf die sich eine Kultur gründen ließe, haben keine verbindliche Bedeutung mehr und stehen jedem Einfaltspinsel zur freien Verfügung. Die Kerle kommen sich besonders pfiffig vor, wenn sie dir bauernschlau ins Gesicht grinsen und dich fragen, wer denn festlege, was denn das sein solle: Moral, oder wer denn sage, was ethisch ist. Und es sind nicht irgendwelche Dummköpfe, die so etwas vor laufenden Fernsehkameras und in die offenen Mikrofone der Reporter sagen. Es sind amtierende Bundeskanzler in Mitgliedsstaaten der Europäischen Union, hohe Amtsträger, hofierte Vorstände von Think-Tanks, Literaten und Publizisten, die sich als Propagandisten der vollkommenen Inhaltsleere und Beliebigkeit aller für unsere Zivilisation entscheidenden Begriffe gefallen. Welcher Anstand, fragen sie, meiner oder Ihrer? Was soll das bedeuten, menschliche Gesittung? Gerechtigkeit, da gibt es halt wirklich sehr unterschiedliche Vorstellungen. Wer kann schon sagen, was gerecht ist? Und das kluge Feuilleton preist die vorsätzliche Zerstörung jeder Verständigung unter Menschen als Virtuosentum des absoluten Relativismus. Der absolute Relativismus, das ist nichts weiter als die eitle Pose von Schulbuben, die sich als kluge Position eines dialektischen Denkens gibt, eines philosophischen Geistes, dem jede Haltung gleich gültig ist, während ihm in Wahrheit nur alles gleichgültig ist.

Die ganze Veranstaltung hat natürlich einen Sinn. Unsere Spindoktoren haben ihren Pentateuch gelesen und sie haben sehr gut verstanden, was da im ersten Buch Mose steht: *Alle Menschen hatten die gleiche Sprache und gebrauchten die gleichen Worte*, heißt es dort. *Sie sagten zueinander: Auf, formen wir Lehmziegel, und brennen wir sie zu Backsteinen. Dann sagten sie: Auf, bauen wir uns eine Stadt und einen Turm mit einer Spitze bis zum Himmel, und machen wir uns damit einen Namen. Da stieg der Herr herab, um sich Stadt und Turm anzusehen, die die Menschenkinder bauten. Er sprach: Seht nur, ein Volk sind sie, und eine Sprache haben sie alle. Und das ist erst der Anfang ihres Tuns. Jetzt wird ihnen nichts mehr unerreichbar sein, was sie sich auch vornehmen. Auf, steigen wir hinab, und verwirren wir dort ihre Sprache, so dass keiner mehr die Sprache des anderen versteht. Der Herr zerstreute sie von dort aus über die ganze Erde, und sie hörten auf, an der Stadt zu bauen. Darum nannte man die Stadt Babel, das bedeutet: Wirrsal, denn dort hat der Herr die Sprache aller Welt verwirrt, und von dort aus hat er die Menschen über die ganze Erde zerstreut.* Auf den Gottesthron haben sich jetzt die Techniker der Macht gesetzt, und sie begnügen sich zur Sicherung ihrer Herrschaft nicht damit, dass einer den andern nicht mehr versteht. Sie sind einen gewaltigen Schritt weiter gegangen, und sie haben ihr Ziel erreicht. Worte haben jetzt einfach keine Bedeutung mehr. Das ist nicht mehr so wie im alten Babel, wo nur die Verständigung zwischen zwei Menschen über ihre Gedanken unmöglich geworden ist. Die Messagecontroller gehen da ein entscheidendes Stück radikaler vor, und sie leisten ganze Arbeit. Sie sorgen dafür, dass die Begriffe ihre Bedeutung verlieren und dass die Menschen ihre eigene Sprache nicht mehr verstehen. Damit wird es unmöglich, überhaupt einen Gedanken zu fassen. Die Wirrsal wird damit vollkommen und jeder Gedanke getötet, lange bevor es überhaupt zu einer Verständigung über irgendetwas auch nur ansatzweise Bedeutsames kommen kann.

Erinnerst du dich vielleicht, wie sich der Bundespräsident in seiner Neujahrsansprache zum Leistungsprinzip bekannt und vorgeschlagen hat, dass Einkommenszuwächse und Vermögensgewinne, denen keine entsprechenden Leistungen gegenüberstehen, in angemessener Weise zur Finanzierung zukunftssichernder Aufgaben für die Allgemeinheit herangezogen werden sollen? Am nächsten Tag war die Aufregung groß und am allergrößten bei denen, die immer dann, wenn sie Steuern zahlen sollen, lauthals beklagen, dass sich ihre Leistung gar nicht mehr lohne. Dieselben Leute, die jahrein, jahraus das Land mit ihrem Gejammere belästigen, dass sich Leistung endlich wieder lohnen müsse, fanden es plötzlich brandgefährlich, dass bewertet werden sollte, ob ein Vermögenszuwachs tatsächlich durch Leistung erzielt worden ist, oder eben nicht. Da hieß es dann auf einmal, wer wolle denn schon so genau beurteilen, was eine Leistung ist. Das könne doch niemand sagen, was eine Leistung ist, und was nicht. Ganz plötzlich hatte das Wort Leistung keine Bedeutung mehr, und schon der Versuch, der mit einem Mal vollkommen sinnleeren Buchstabenfolge L.e.i.s.t.u.n.g irgendeinen Inhalt zu unterstellen, ist auf die vehementeste Ablehnung gerade jener gestoßen, die noch tags zuvor landauf, landab als glühende Verfechter des Leistungsgedankens zugange gewesen waren. Und so, mein Lieber, geht es mit jedem Begriff, auf den sich so etwas wie Kultur gründen ließe.

Mit der Kultur wird das also nichts, wenigstens nicht zu Lebzeiten deines Doktors. Der Zug fährt einfach schon zu lange in eine Richtung und nimmt dabei immer mehr Fahrt auf. Das Tempo wird immer höher, und es wird nicht die Kultur sein, die den Zug, in dem wir da sitzen, aufhalten wird. Der Zug wird kein Ziel erreichen, weil er gar kein Ziel hat. Früher oder später wird er an das Ende seiner Fahrt kommen, aber bis dahin wird sich nichts ändern. Wovon dein Doktor träumt, das ist der Durchbruch der Avantgarde, aber keine Avantgarde vermag auch nur das Geringste unter den Bedingungen der herrschenden Sprachlosigkeit. Im besten Fall kann sie der Kultur Refugien bauen, so etwas wie Saatgutbunker, in denen sie keimfähig bleiben und den langen Winter der Arbeitsgesellschaft überleben kann. Die Zeit, in der die Menschen ihr Selbstverständnis und ihren Wert nicht mehr hauptsächlich aus Arbeit, Einkommen und Vermögen beziehen, ist noch nicht gekommen, und sie wird so bald auch nicht kommen. Es ist zum Verzweifeln, aber die Eiszeit wird dauern. Dass sich die Dinge ändern werden, ohne dass wir zuvor durch die Verwerfungen und die Katastrophen müssen, in die wir sehenden Auges gehen, das glaube ich nicht. Wenn wir heute trotzdem für eine Welt bauen, in der wir in der Lage sein werden, den technischen Fortschritt für weniger Arbeit und mehr Leben zu nutzen, dann tun wir das für eine Zukunft, die wir nicht mehr erleben werden. Das wird nicht nur eine Weile dauern, bevor die Arbeitsgesellschaft von einer Kulturgesellschaft abgelöst werden kann, da wird davor auch noch sehr vieles geschehen, das wir lieber nicht erleben wollen. Bis dahin bleibt die Frage nach dem vernünftigen Maß von Arbeit sehr theoretisch, weil Vernunft einfach nicht das Maß ist, an dem eine Arbeitsgesellschaft ihre Forderungen und ihre Entscheidungen orientiert.

Kapitel IX
Sabine Halstarnigg

Berichtet von einem schweren Zerwürfnis mit ihrem Onkel und erklärt, warum sie sich mit ihm nicht versöhnen kann, obwohl sie das gerne täte.

Wie das genau passiert ist, kann ich gar nicht sagen. Wahrscheinlich haben wir auch einfach zu viel getrunken. Wir haben beide Sachen gesagt, die wir besser nicht hätten sagen sollen. Aber zurücknehmen möchte ich auch nichts, wenigstens nicht in der Sache. Es tut weh, mit einem Menschen zu brechen, der einen auf dem Schoß gehabt hat, als man ein kleines Kind war. Der Onkel Lars hat meinen ganzen Lebensweg begleitet, und er hat mich immer gern gehabt. Ich ihn auch. Ob sich das, was da gestern passiert ist, wieder kitten lässt, weiß ich nicht. Wahrscheinlich schon irgendwie, weil ein halbes Jahrhundert, das wirft man dann ja auch nicht so leicht hinter sich. Aber so, wie es war, wird es kaum mehr werden. Dafür war die Kränkung zu groß, und es wird nicht damit getan sein, dass wir das einfach auf den Wein schieben. Der Wein, das wissen wir beide zu gut, löst die Zunge. Aber er bringt niemanden dazu zu sagen, was er gar nicht meint. Eher im Gegenteil. Ich hätte den Onkel Lars nicht einen Dieb nennen sollen. Habe ich auch nicht, also zumindest nicht direkt. Ich habe gesagt, dass jeder, der dreihundert Mal so viel verdient wie seine Putzfrau, ein Dieb ist. Und übrigens auch jeder, der hundert Mal oder fünfzig Mal so viel einstreift. Und dass kein Mensch ein Vermögen von zweihundert Milliarden haben kann und auch nicht von einer Milliarde, außer, wenn er es eben gestohlen hat. Und dass es mir scheißegal ist, ob der Diebstahl im Einklang mit seinen Scheißgesetzen geschehen ist. Wer eine Milliarde zusammengerafft hat, ist ein Dieb. Ob der Onkel Lars jetzt wirklich eine Milliarde hat oder nicht, das weiß ich nicht so genau. Wahrscheinlich nicht. Aber mehr als fünfzig Mal so viel wie die Leute, die bei ihm sauber machen, bekommt er bestimmt. Ich habe den Onkel Lars in meinem ganzen Leben noch nie zornig gesehen, aber da ist er sehr wütend geworden. Er hat richtig gebrüllt, das habe ich noch nie erlebt. Ein Dieb bin ich also, hat er geschrien, und dass er sich das nicht sagen lassen müsse von einer Sozialbetrügerin, die sich arbeitssuchend meldet, obwohl sie in Wahrheit gar keine Arbeit sucht, sondern nur die Stütze kassieren will. Mein Vater und die Tante Lotte, die Frau vom Lars, haben immer weniger gesagt. Die sind da nur stumm dabeigesessen und sind immer blasser geworden, während der Onkel einen ganz roten Kopf bekommen hat. Das war so ein komischer Kontrast und ist mir irgendwie witzig vorgekommen, wahrscheinlich weil ich getrunken hatte. Aber lustig war es nicht. Es hat dann ein Wort das andere ergeben, und wie mir der Lars dann noch mit der Wirtschaft gekommen ist, die von Leuten wie ihm am Laufen gehalten wird, während solche wie ich einfach nur die Hand aufhalten, aber nichts beitragen, da sind mir die Sicherungen durchgebrannt. Ich bin da auch laut geworden, aber das wäre nicht das Schlimmste gewesen. Seine ganze Wirtschaft, das sei nichts als ein krimineller Verein, für den Kinder mit den bloßen Händen das Coltan aus der Erde kratzen müssen, damit die Idioten, die seine Autos kaufen, ein Navi in ihren Kisten haben, weil sie sonst in ihrer Blödheit nirgends mehr hinfinden. Da habt ihr uns ja ein ganz tolles Haus hingebaut mit eurer Wirtschaft. Nur in den Keller darf man nicht schauen, habe ich gebrüllt. Da sieht man dann nämlich die Maschine, die nicht eine Sekunde stillstehen darf, weil sonst eure ganze Bude zusammenkracht. Und geschmiert muss der Apparat auch dauernd werden. Mit dem Blut von Kindern in Afrika und in Asien, zum allgemeinen Besten für alle, die am richtigen Ort in die richtige Familie geboren worden sind. Da ist es dann auf einmal ganz still geworden und der Onkel Lars hat eine ganz belegte Stimme gehabt, wie er gesagt hat, dass es besser wäre, wenn ich jetzt gehen würde.

Wie ich da hinausgekommen bin, weiß ich selber nicht mehr ganz genau. Der Onkel Lars hat Löcher ins Leere gestarrt, und die Tante Lotte und Papa haben auf das Tischtuch geschaut, als gäbe es da etwas ganz Besonderes zu sehen. Jeder hat irgendetwas gemurmelt, bis dann, also, oder so etwas, und dann bin ich irgendwie nach Hause. Da habe ich dann eine halbe Stunde lang geduscht und mir danach noch sicher zehn Minuten lang die Zähne geputzt. Aber aufgewacht bin ich trotzdem mit einem schalen Geschmack im Mund, traurig und mit einer großen Leere in mir, aber vor allem vollkommen ratlos. Am liebsten hätte ich den ganzen Abend ungeschehen gemacht, aber das ging ja nun einmal nicht. Ich hätte mich auch gerne entschuldigt, um die Dinge wieder irgendwie ins Lot zu bringen, aber das ist nicht so einfach. Der Onkel Lars ist in solchen Dingen sehr genau, und er lässt sich nicht mit irgendeinem schnellen Tut-mir-leid-wegen-gestern-Abend abspeisen. Auch mit irgendwelchen Erklärungen, dass er nicht persönlich gemeint gewesen ist, kommt man bei ihm nicht durch. Das macht die Sache nur schlimmer, weil er dann bestimmt wissen will, wer denn sonst gemeint gewesen sein soll, und wenn ich da versuchen würde mich zu erklären, käme wohl ganz schnell heraus, dass er letztlich doch gemeint ist, ob ich das will oder nicht. Eine Entschuldigung, die der Lars akzeptieren würde, das war mir schnell klar, müsste einen Widerruf in der Sache enthalten. Ich müsste anerkennen, dass es Unterschiede geben darf und muss, und dass es nicht ungerecht oder doch zumindest vertretbar ist, wenn einer wie er das Hundertfache von einem Fließbandarbeiter in seinem Betrieb bekommt. Er würde auch verlangen, dass ich einsehe, dass wir nicht für die Beachtung von Menschenrechten und für die Lebenssituation von Menschen in fernen Ländern verantwortlich sind, in denen, wie er sagen würde, eben andere Regeln gelten, auf die wir keinen Einfluss haben. Er würde darauf bestehen, dass ich begreife, dass das utopische Forderungen von verantwortungslosen Traumtänzern sind, deren Erfüllung das Leben im globalisierten Norden ins Chaos stürzen würde, ohne dabei die Lage der Menschen in Afrika, in Asien oder in Südamerika auch nur im Geringsten zu verbessern. Kurz, der Onkel würde von mir Erklärungen verlangen, die ich nicht über die Lippen bringen würde, wenigstens nicht so, wie er sie hören will.

Das soll mir auch erst einmal einer erklären, wieso das gerecht sein soll, wenn einer, der eine sehr erfüllende Arbeit mit hohem sozialen Ansehen und in sehr komfortabler Umgebung tun darf, hundert Mal mehr bekommt, als diejenigen, die im selben Unternehmen in Schmutz, Lärm und Hitze in der Werkshalle schuften müssen. Oder sprechen wir einmal nicht von gerecht, reden wir nur einfach davon, wie so ein flagrantes Unrecht irgendwie gerechtfertigt werden könnte. Mit den Regeln des Marktes kann das gerechtfertigt werden, bekomme ich dann zu hören. Als könnten die Regeln des Marktes irgendetwas rechtfertigen und als wären sie ewige unveränderbare Gesetze des Weltgetriebes. Das ist nicht so, und selbst wenn es so wäre, dann hätte ein verständiger Gesetzgeber die verdammte Pflicht und Schuldigkeit, das mit einem vernünftigen Steuerrecht in Ordnung zu bringen. Das gilt genauso für alle die Importe aus Ländern, in denen die Menschenrechte nichts gelten, in denen Sklavenarbeit an der Tagesordnung ist und Kinder in Fabriken arbeiten, anstatt zur Schule zu gehen. Es gibt keinen Grund, da nicht genau denselben Maßstab anzulegen, der für jeden kleinen Hehler gilt. Wer Diebsgut weiterverkauft, kann sich nicht einfach darauf hinausreden, er habe das jetzt nicht so genau gewusst, ob das Zeug wirklich gestohlen ist. Der Kerl wird eingesperrt, wenn er klare Verdachtsmomente einfach ignoriert hat und wenn er lieber einmal nicht so genau hingeschaut hat, damit er ungestört sein gutes Geschäft machen kann. Es gibt eben einen Unterschied zwischen unwissend sein und sich unwissend machen. Die kleinen Gauner werden da am Kanthaken gepackt, und es gibt gar keinen Grund, die Großen im selben Fall laufen zu lassen. Weil sie sich nicht um alles kümmern können. Weil sie keinen Einfluss haben auf Verbrechen, die weit weg von ihren sauber aufgeräumten Büros geschehen. Haben sie auch nicht, das stimmt schon. Sie sollen nur aufhören, Gewinn aus diesen Verbrechen zu ziehen. Genau das tun sie aber, wenn sie mit den Kriminellen Geschäfte machen, die Kinder und Sklaven in die Gruben schicken. Und genau so, wie bei den kleinen Gaunern, kann man es auch bei den großen Wirtschaftsbossen feststellen, ob sie tatsächlich nichts wissen konnten von den kriminellen Umständen, unter denen ihre Handelspartner an die Güter gekommen sind, die sie dann so billig weitergeben, oder ob sie nur vorsätzlich weggesehen haben. Und wenn es wahr ist, dass die Erfüllung der Forderung, dass die Großen am selben Maß gemessen werden sollen wie die Kleinen, tatsächlich die gesamte Wirtschaft des globalisierten Nordens ins Chaos stürzen würde, dann bedeutet das nichts anderes, als dass diese ganze Ordnung auf Diebstahl, Sklaverei und Hehlerei aufgebaut ist. Das glaube ich nun ja gar nicht. Ich glaube aber sehr wohl, dass die Gewinne aus solchen schmutzigen Quellen im Portefeuille von einigen der ganz großen Player auf dem sogenannten Freien Markt eine nicht unerhebliche Rolle spielen. Und ich meine, dass der Verdacht nahe liegt, dass das der Grund ist, warum gerade aus dieser Richtung so großer Widerstand gegen ein wirksames Lieferkettengesetz kommt. Ein solches Gesetz würde einfach sicherstellen, dass sich in den Regalen unserer Geschäfte nichts findet, das unter Bedingungen hergestellt wurde, die die Produzenten ins Gefängnis bringen würden, wenn sie ihre Geschäfte mit denselben Praktiken in unseren Breiten betreiben würden. Für ein solches Gesetz hat übrigens die Mehrheit der Schweizerinnen und Schweizer am letzten Sonntag im November des Jahres 2020 gestimmt. Und das, obwohl Unternehmerverbände, beide Parlamentskammern und die Regierung eindringlich dagegen geworben hatten. Die einfachen Leute sind offenbar ein Stück weiter als ihre sogenannten Eliten.

Sabine Halstarnigg

Seit sechs Monaten bin ich jetzt ohne Erwerb und offiziell arbeitssuchend gemeldet, obwohl ich in Wahrheit gar keine Arbeit suche. Da hat der Onkel Lars schon recht. Er hat aber nicht recht, wenn er meint, dass ich deshalb eine Sozialschmarotzerin bin. Ich arbeite nämlich sehr viel, mindestens so viel wie früher, nur werde ich dafür von keinem Unternehmen mehr bezahlt, sondern aus den Mitteln der Arbeitslosenversicherung, in die ich dafür auch ein gutes Vierteljahrhundert lang kräftig eingezahlt habe. Es mag sein, dass die Versicherungsleistungen jetzt nicht exakt für meinen Fall vorgesehen sind. Meine Ausbildung und meine Berufserfahrung würden es mir wahrscheinlich ermöglichen, jederzeit eine sehr auskömmlich dotierte Position in einem jener Konzerne zu bekommen, in denen der Onkel Lars das Sagen hat. Dass ich damit mehr oder besser zum sozialen Ganzen beitragen würde, als ich das jetzt tue, daran habe ich allerdings begründete Zweifel. Ich habe das vergangene halbe Jahr genutzt, um mich über die Ursprünge und den Nutzen unserer Arbeitsgesellschaft kundig zu machen. Solange ich jede Woche einfach vierzig Stunden gearbeitet habe, habe ich gar keine Zeit und vor allem gar keine Energie gehabt, um ein bisschen genauer hinzusehen, wofür ich da eigentlich werkle. Ich bin jetzt nicht mehr so sicher, dass der menschlichen Gemeinschaft die Arbeitsgesellschaft so guttut, die unsere Wirtschaftsweise für ihr Funktionieren braucht. Ich habe mich intensiv mit den positiven und mit den negativen Auswirkungen dieser Wirtschaftsweise auseinandergesetzt. Und ich engagiere mich dafür, dass sich da etwas ändert, weil ich glaube, eine Sache verstanden zu haben: Als der Onkel Lars vor einem halben Jahr in der Bibliothek meines Vaters seinen großen Monolog über die Aufgaben der Autoindustrie gehalten hat, da hat er die reine Wahrheit gesagt. In unserem Wirtschaftssystem, oder wie immer man das nennen will, dient ein Gutteil der geleisteten Arbeit nicht der sinnvollen Versorgung von Menschen, sondern der Erfüllung von Gewinnerwartungen und der »Funktionsweise unseres gesamten Wirtschaftssystems«, wie der Onkel das damals formuliert hat. Ohne seinen Hinweis wäre ich nie auf eine so verrückte Idee gekommen, aber mittlerweile weiß ich, dass das stimmt. Ich weiß aber auch, dass es tragfähige Modelle für eine Art des Wirtschaftens gibt, die weniger Arbeit erfordern würde, menschenfreundlicher wäre und zudem auch dem Planeten die dringend notwendige Erholung von den Nebenwirkungen unseres Erwerbseifers verschaffen würde. Gestern war ich in einem Konzert, weil ich auch für so etwas jetzt die Zeit und vor allem die innere Ruhe habe, die mir gefehlt hat, solange ich die Tretmühle in Schwung gehalten habe. Da haben sie Musik von einem Amerikaner gespielt, einem John Cage, von dem ich zuvor noch nie etwas gehört habe. Die Musik war ja gewöhnungsbedürftig, aber ein Satz von dem Komponisten, den sie da zitiert haben, ist mir im Gedächtnis geblieben: *Ich weiß nicht, warum sich die Menschen vor neuen Ideen fürchten. Ich fürchte mich vor den alten.*

Da habe ich an den Onkel Lars denken müssen. Der arbeitet nicht nur für die alten Ideen, er ist auch ganz fest davon überzeugt, dass es gar keine neuen geben kann. Deshalb fürchte ich sehr, dass alles, was ich ihm über seine überholten und veralteten Vorstellungen von Wirtschaft und Arbeit sagen müsste, ihm noch viel weniger gefallen würde als die Dinge, die ich ihm zuletzt gesagt habe. Es ist leider nicht unwahrscheinlich, dass ein Versöhnungsversuch von meiner Seite mit einem neuen Streit enden würde, der noch um ein ganzes Stück heftiger ausfallen könnte, als derjenige, den ich eigentlich gutmachen will. Es geht mir nicht gut damit, aber wie es aussieht, werde ich auf die Zuneigung von Onkel Lars und Tante Lotte für die absehbare Zukunft vorerst einmal verzichten müssen.

Sabine Halstarnigg

Kapitel X
Bernard Holländer

In dem ein Klient seinen Therapeuten zu einer Festrede einlädt,
die er selbst bei der Jahresversammlung der Gesellschaft der
Neuen Menschen hält.

Geschätzte Damen und Herren, liebe Freunde! Die vielen Probleme, die wir heute haben, werden sich letztendlich von selbst lösen. Dann nämlich, wenn wir die Dinge endlich wieder ihren natürlichen Gang gehen lassen werden. Wenn wir der Natur nicht länger ins Handwerk pfuschen, wenn wir verstehen werden, dass der Mensch einfach ein Säugetier ist und auch so leben soll. Als das Tier, das er ist, hat er jedes Recht, alle ihm erreichbaren Mittel zu nützen, um seinen Platz in der Welt zu behaupten und ihn sich so einzurichten, wie er das gerne möchte. Das gilt für die ganze Art, und es gilt auch für jeden Einzelnen. Es muss endlich Schluss sein mit den willkürlichen Beschränkungen, die uns im Namen irgendwelcher Prinzipien an der unbefangenen Nutzung der uns heute zur Verfügung stehenden Möglichkeiten hindern. Woher diese Prinzipien eigentlich kommen, wer sich je auf sie geeinigt hat und was ihr genauer Inhalt ist, kann niemand wirklich sagen. Das sind lauter Konstrukte, mit denen sich im Grund lebensunfähige Menschen gegen alles Vitale und gegen jeden Fortschritt wenden. Gott, die Seele, die Bildung zum Menschen, das Gemeinwohl, die Humanität, die Kultur – hunderttausend Knüppel, die der Wirtschaft zwischen die Beine geworfen werden und ihr klagloses Funktionieren verhindern. Für die Belange der Wirtschaft ist es aber wichtig einzusehen, dass der Mensch ein Tier ist, ein außergewöhnlich hoch entwickeltes Tier, meinetwegen, dass aber alle auf überprüfbare Fakten gegründeten Abgrenzungsversuche zwischen Mensch und Tier gescheitert und widerlegt sind. Alle Behauptungen, dass nur der Mensch Werkzeuge herstellen und nutzen kann, oder dass der Mensch als einziges Lebewesen in der Lage ist, kausale Zusammenhänge zu erkennen, haben sich schon längst als unrichtig herausgestellt. Und weil es keine einzige belastbare Tatsache gibt, die auf irgendeine singuläre Sonderstellung des Menschen hinweisen würde, sind wir bei dem verzweifelten Versuch, unsere Einzigartigkeit doch irgendwie zu beweisen, mittlerweile bei der Metaphysik angelangt. Jetzt ist es also der Geist, der den Menschen angeblich von den Tieren unterscheidet. Der Geist, was immer das auch sein mag, soll den Menschen als einziges unter allen Wesen zu ethisch-moralischem Handeln befähigen. Aus dieser besonderen Fähigkeit wird, sozusagen in einem Aufwasch, auch gleich eine Pflicht jedes Menschen zu ethisch-moralischem Handeln abgeleitet, obwohl niemand so genau sagen kann, worum es sich dabei konkret handeln soll. Sicherheitshalber wird eine solche Pflicht auch gleich für alle Unternehmen und Betriebe behauptet. Und wenn ich dann einmal ganz unschuldig frage, wer denn jetzt eigentlich so festlegt, was das sein soll, Moral, und wer sagt, was jetzt gerade ethisch ist, dann ist Feuer am Dach. Dann wird jede Antwort verweigert und so getan, als wäre schon die bloße Frage obszön, als müsse das jeder wissen und als wisse das auch ein jeder.

Das klingt alles so skurril, wie es auch wirklich ist. So kann man kein Unternehmen führen und auch kein Problem lösen, am allerwenigsten übrigens das Klimaproblem, das jetzt überall so hochgespielt wird. Was wir in Wahrheit brauchen, sind zwei Dinge: ein unvoreingenommener Blick auf das Wesen des Menschen und die Bereitschaft, alle technischen Möglichkeiten zu nutzen, die uns auf unserer Entwicklungsstufe zur Verfügung stehen. Wenn ich von unserer Entwicklungsstufe spreche, dann meine ich damit die höchste Stufe der Entwicklung unserer Art, die vorläufig nur von einer kleinen Minderheit der jetzt lebenden Menschen erreicht ist. Die Denkverbote und die Sprechverbote, die heute im öffentlichen

Bernard Holländer

Raum gelten, machen es ja unmöglich, das Notwendige zu sagen. Aber hier in unseren Kreisen kann ich es offen aussprechen: Ja, ich mache einen Unterschied zwischen verschiedenen Menschen oder, genauer gesagt, ich mache den Unterschied nicht, ich verweigere mich nur der Mode, die Unterschiede, die ja ohne jeden Zweifel bestehen, einfach nicht zu sehen. Wer sich dem Kulturdiktat unserer Zeit widersetzt, kann sehr klar erkennen, dass die Gattung Mensch schon seit geraumer Zeit an einem Scheideweg angelangt ist. Der größte Teil der heute vorherrschenden Art unserer Spezies wird in seinem jetzigen Stadium verbleiben. Biologisch nennt man das den homo sapiens. Im sozialen Sinn möchte ich diese überholte Form des Menschseins aber einfach als Arbeitsmenschen bezeichnen. Für die große Mehrzahl der Arbeitsmenschen beträgt die Verweildauer auf der Erde zwischen fünfzig und achtzig Jahre, danach Abgang und Ersatz durch frische Kräfte, von denen wir freilich in Zukunft nicht mehr so viele benötigen werden, wie das aktuell der Fall ist. Der Arbeitsmensch erreicht selten ein Alter von mehr als hundert Jahren. Das ist bei seiner hohen Reproduktionsrate auch genug, genau genommen eigentlich schon zu viel, und erzeugt so gut wie alle jene Probleme, mit denen der alte Mensch nicht mehr zu Rande kommen wird, und für deren Lösung es den Neuen Menschen braucht. Die Lebenserwartung des Neuen Menschen wird vorerst mit etwa eintausend Jahren beschränkt sein. Die Forschung ist in diesem Bereich weit fortgeschritten. Ihre Erfolge werden zunächst exklusiv dem kleinen Kreis ihrer privaten Financiers zugutekommen. Anders ist das gar nicht möglich und auch nicht wünschenswert, weil niemand ernsthaft etwas anderes wollen kann. Unvorstellbar, dass acht Milliarden Exemplare der Art homo sapiens tausend Jahre lang leben und dabei vielleicht auch noch fünfhundert Jahre lang fortpflanzungsfähig bleiben sollen. Es gibt jetzt schon mehr als genug davon, und alle derzeit so brennenden Fragen wie jene nach dem Ressourcenverbrauch, der Güterverteilung oder dem Klimawandel werden sich erübrigen, sobald die massive Übervölkerung des Planeten zu Ende gekommen sein wird. Die Population des Neuen Menschen wird über eine sehr lange Periode hinweg verhältnismäßig klein sein und sie wird stabil bleiben. Der Neue Mensch wird sich nicht explosionsartig vermehren, und er wird den homo sapiens ablösen, ähnlich wie der homo sapiens vor fünfzigtausend Jahren den Neandertaler abgelöst hat. Das wird sehr unspektakulär vonstatten gehen, keine Ausrottung, keine lauten Gewalttaten, das wird alles gar nicht notwendig sein. Die Art wird eines natürlichen Todes sterben. Ihre Lebensbedingungen werden sich mehr und mehr verschlechtern, die von ihr hauptsächlich bevölkerten Räume werden zunehmend unbewohnbar werden, gute und gesunde Nahrung wird immer schwieriger erreichbar sein, und medizinische Versorgung soundso. Die ganze Art, der homo sapiens oder, wie ich eben sagen möchte, der Arbeitsmensch, wird auf diese Art nicht vollständig, aber weitestgehend verschwinden. Die Anzahl der Exemplare wird auf ein zuträgliches Maß reduziert werden, auf jenes Maß, das die Grenzen der planetaren Leitplanken respektiert, wie das von uns dauernd verlangt wird. Dafür genügt es vollkommen, den in Gang befindlichen Lauf der Dinge einfach gewähren zu lassen und ihn allenfalls da und dort ein wenig zu befördern. Das Verschwinden des Arbeitsmenschen oder der zahlenmäßige Rückgang dieser Spezies wird von uns in keiner Weise betrieben. Das ist ein natürlicher Vorgang zu dem wir gar nichts weiter tun müssen. Der Neue Mensch ist lediglich der Katalysator des Prozesses, den sich die Arbeitsmenschen ganz ohne unsere Hilfe selbst machen. Wir bauen ihnen dazu die Maschinen und stellen in Form von mehr Arbeit und mehr Konsum die von den Arbeitsmenschen selbst gewünschten Mittel für seinen ungestörten Ablauf zur Verfügung. Denn beide, Arbeit und Konsum, führen zu einem schnelleren Fortschreiten der Erderwärmung, ein Phänomen, dessen unübersehbare Vorteile dem Neuen Menschen ganz von selbst in den Schoß fallen werden. Das wird nämlich häufig übersehen, dass die

Bernard Holländer

Erderwärmung ja auch viele neue Erwerbschancen und Profitaussichten mit sich bringt. Wenn durch menschliche Aktivitäten das gesamte Grönlandeis schmelzen sollte, darf man doch nicht außer Acht lassen, dass damit auch sehr viel Positives verbunden ist. Es werden zum Beispiel neue ackerbaulich nutzbare Flächen gewonnen, die für die Versorgung unserer urban gestalteten Lebenswelt notwendig sind. Wir werden auch Zugang zu bisher unter dem Eis begrabenen Bodenschätzen gewinnen und das Abschmelzen der Polkappen wird endlich die Nutzung der Nordost-Passage für den Warentransport ermöglichen. Niemand leugnet dabei, dass die Erderwärmung auch nachteilige Folgen hat. Die werden aber die hauptsächlichen Verbreitungsgebiete der neuen Art nur in sehr abgeschwächter Form betreffen, ganz abgesehen davon, dass uns genügend Mittel zur Verfügung stehen, uns gegen die unerwünschten Effekte dieser Entwicklung wirksam zu schützen. Für die Mehrzahl der Arbeitsmenschen wird das nicht ganz so einfach sein, aber von einem höheren Standpunkt aus betrachtet wird gerade das zur sinnvollen Balancierung der Überpopulation unseres Planeten beitragen. Es ist wahrscheinlich, dass die erschwerten Lebensbedingungen für den homo sapiens zu Konflikten führen werden, die diese abtretende Art auf die für sie gewohnte Weise austragen wird. Wir werden dafür die Waffen liefern, mit denen sie sich gegenseitig umbringen, in Auseinandersetzungen mit ihrer eigenen Polizei, in Bandenkriegen oder auch in richtigen Kriegen, die wir für sie veranstalten werden, wenn sie das wollen.

Das alles ist, ich habe es schon erwähnt, ein ganz natürlicher Prozess, dem nichts im Weg steht, außer die Unzahl der schöngeistigen Artefakte, Fantasiegebilde und Erfindungen wie: die Seele, die Menschenwürde, die Empathie, die Religion, die Humanität, der Geist, oder wie sonst noch alle diese ungreifbaren Konstrukte heißen mögen. Der natürliche Ausdünnungsverlauf der heute zahlenmäßig noch dominierenden Art Mensch wird nur durch diese Fiktionen der Kultur verhindert. Man muss die Kultur deshalb nicht vernichten oder unterdrücken, man muss sie allerdings einhegen, um zu verhindern, dass sie ihre kontraproduktive Kraft entfalten kann. Das, was uns an ihr unterhält, zum Beispiel manche gefällige Arten von Dichtung und Literatur, kann durchaus seinen Platz haben. Das praktische Leben muss sich aber von der Kultur emanzipieren und sich an der Natur orientieren. Die Menschen halten das übrigens ganz von selbst so. In allen wesentlichen Fragen ihres Lebens spielt die Kultur deshalb keine Rolle. Wenn es um den Umgang mit Ressourcen, mit anderen Menschen und ganz besonders mit den schwächsten, um die Verteilung von Gütern und Macht oder um die Verantwortung gegen kommende Generationen geht, entscheiden die Menschen wie alle anderen Tiere auch, ganz natürlich, nämlich nach ihrem unmittelbaren Augenblicksinteressen. Und damit sie das ohne Bedenken tun können, haben wir ihnen ein System geschaffen, das ihrem natürlichen Wesen in jeder Weise entspricht, und in dem sie sich ganz ohne kulturelle Rücksichten vollkommen frei und artgerecht entfalten können. Dieses System ist einfach der sich selbst regulierende, kapitalistische Markt. Ich sage solche Dinge nicht öffentlich, weil ich niemanden provozieren will, aber wenn es nach mir geht, dann würde die aktuelle Entwicklungsstufe des Kapitalismus schon längst am vordersten Platz in der Liste des immateriellen Kulturerbes der UNESCO stehen. Der Kapitalismus ist heute die einzige wirklich vitale Ausdrucksform menschlicher Erfindungsgabe, unmittelbar von menschlichem Wissen und Können getragen, von Generation zu Generation weitervermittelt und dabei stetig neu geschaffen und verändert, ganz so wie das von der UNESCO in ihrem Kriterienkatalog gefordert wird. Die meisten Menschen und vor allem die Ökonomen halten den Kapitalismus für ein Wirtschaftssystem, aber in Wahrheit ist er in erster Linie eine Herrschaftsform, die sich der gängigen, althergebrachten Formen der Parlamente, Räte, Kammern und Regierungen in diskreter und ruhiger Form zur Wahrung ihrer Interessen bedient. Alle wesentlichen Beschlüsse und Regeln, die von diesen altehrwürdigen Institutionen rituell in Kraft gesetzt werden, folgen den Vorgaben systemrelevanter Kapitalgesellschaften. Die Ablöse der überholten Formen politischer Organisation ist vollkommen klaglos und so gut wie unbemerkt vonstatten gegangen. Das war auch zu erwarten, weil seine außerordentlich große Anpassungsfähigkeit zu den herausragenden Eigenschaften des homo sapiens zählt. Es ist deshalb nicht überraschend, dass die abtretende Art des Menschen sich sehr schnell unter die Herrschaft des Kapitalismus gefügt hat und sich jetzt vollkommen mit der Arbeitsgesellschaft identifiziert, auf der die umfassende Ökonomisierung der letzten Phase seiner zu Ende gehenden Dominanz basiert. In dieser abschließenden Periode bietet die Arbeitsgesellschaft dem Menschen die Projektionsfläche für die ihm notwendige Selbstfindung. Die Erfüllung seines Wunsches nach Lebenssinn wird ihm durch die Aufnahme in den Kreis der Erwerbstätigen suggeriert. Sein Sozialprestige, an dem ihm so viel gelegen ist, bezieht er so gut wie ausschließlich über seine Stellung im Beruf, und es ist fast rührend zu sehen, wie sehr die Menschen an ihrer Arbeitsgesellschaft hängen, wie sehr sie sich ihre Regeln und Forderungen zu eigen gemacht haben und wie sie bereit sind, sie bis zum Äußersten zu verteidigen. Nichts kann sie zorniger machen, als wenn sich kulturgetriebene junge Menschen aus Sorge um ihre Zukunft auf Fahrbahnen kleben und sie fürchten müssen, deshalb zu spät zur Arbeit zu kommen. Aus der Sicht des Arbeitsmenschen betrachtet ist es bestimmt ein tragikomisches Paradox, dass gerade die nicht beherrschbaren Folgen der überschießenden Arbeit, an der er so sehr hängt, letztendlich eine wesentliche Ursache für die notwendige Dezimierung der ganzen Spezies sein werden. Für die Probleme des Planeten, von denen jetzt so viel die Rede ist, wird aber gerade dadurch die so sehr ersehnte Phase der Erholung beginnen. Sie wird, sozusagen, redlich erarbeitet sein, und sie wird dem Neuen Menschen einen Lebensraum eröffnen, der nicht länger kulturell, sondern seinem Wesen gerecht und natürlich definiert sein wird. Die Vitalität des Neuen Menschen wird sich auch eben darin zeigen, dass er in der Lage und bereit sein wird, den Forderungen seiner Natur zu entsprechen. Er wird keine Ideen und schon gar keine Ideologie brauchen. Die überkommenen Bestände von Kultur wird er zu seiner Unterhaltung nützen, ohne sich von ihnen gängeln zu lassen. Das Leben orientiert sich nämlich nicht an Ideen, das Leben orientiert sich an Tatsachen. Und es macht da keine Ausnahmen, auch nicht für den Menschen.

Bernard Holländer

Kapitel XI
Theodora Denk

In welchem die Professorin für Deutsch und Wirtschaftskunde sich für ein weiteres Unterrichtsfach qualifiziert hat und eine beträchtliche Aversion gegen Tatsachen entwickelt.

Sobald sie erst einmal dreißig Jahre alt geworden sind und einen einigermaßen komfortabel entlohnten Job gefunden haben, werden die guten Leute alle so erbarmungslos vernünftig, dass man kein gescheites Wort mehr mit ihnen reden kann. Sie stehen fest auf dem Boden der Tatsachen, und sie kommen gar nicht auf die Idee, dass gerade dieser Standpunkt der Ort der engstirnigsten Borniertheit ist. Auch deshalb arbeite ich so gerne mit jungen Menschen. Sie sind in ihrem Denken frei und unbefangen, und sie lassen sich von den Gegebenheiten nicht so leicht ins Bockshorn jagen. Meine Maturaklasse hat jedenfalls nicht mehr lockergelassen. Die Fragen nach der Arbeit sind immer dringlicher geworden. Was das eigentlich ist: Arbeit. Ob es so etwas wie schlechte Arbeit gibt. Ob Arbeit überflüssig und sogar schädlich sein kann, und wenn das so ist, warum sie dann trotzdem getan wird. Ob der Mensch die Arbeit für seine seelische Gesundheit braucht und ohne Arbeit gar nicht sein kann. Ob die Arbeit für die Selbstverwirklichung unverzichtbar ist. Warum alle diese Fragen immer nur mit Blick auf die Erwerbsarbeit diskutiert werden. Ob es grundsätzlich falsch ist, daheim zu bleiben, für seine Familie zu sorgen und keiner Erwerbsarbeit nachzugehen. Ob es eine sittliche oder moralische Pflicht jedes gesunden Menschen gibt, seine Arbeitskraft dem Arbeitsmarkt zur Verfügung zu stellen. Und ob ein menschenwürdiges Auskommen wirklich weiterhin unter die Bedingung der Erwerbsarbeit gestellt werden muss. Es ist ein sehr großes Fass, das wir da aufgemacht haben, und wir sind nicht zu Rande gekommen damit, obwohl ich schließlich nicht nur den Wirtschaftskundeunterricht auf diese Themenstellung hin fokussiert habe, sondern auch für die Literaturkunde einschlägige Texte gewählt und die beiden Wochenstunden meines Ethikunterrichts Fragen der Arbeitsethik gewidmet habe. Meine Schule war unter den ersten, die diesen Schulversuch vor zwanzig Jahren begonnen haben. Es hat damals keine einschlägige Ausbildung dafür gegeben und letztlich konnte jede mehr oder minder qualifizierte Lehrkraft dieses Fach übernehmen. Die Frage eines auf die menschliche Vernunft gegründeten sittlichen Verhaltens, das keiner überirdischen Hilfe und keiner Religion bedarf, hat mich schon immer interessiert. Ich habe mich also gemeldet und war kurz darauf unter den Ersten, die das neue Fach unterrichtet haben.

Die Frage nach dem Ethikunterricht ist zu der Zeit aufgekommen, in der sich gerade meine Konversion von der kampfbereiten Atheistin zur etwas vorsichtigeren Agnostikerin vollzogen hat. Damals war ich Mitte vierzig und meine atheistischen Überzeugungen waren von Jugend an so gefestigt gewesen, wie der Glaube eines meiner Klassenkollegen, der sich zu meiner grenzenlosen Verwunderung nach einem erfolgreich absolvierten Medizinstudium zum Priester hat weihen lassen. Ich hingegen hatte es so gehalten, wie Arno Schmidt das von seinem Vater erzählt hat. Der sei zwei Mal in seinem Leben in einer Kirche gewesen, das erste Mal bei seiner Taufe, und das zweite Mal 1926, beim großen Platzregen. Bei mir war es kein Platzregen, sondern eine Einladung zum Kammermusikfest in einem burgenländischen Dorf, nahe an der ungarischen Grenze, in Lockenhaus, das der dortige Pfarrer zusammen mit dem frisch aus der damaligen UdSSR emigrierten Geiger Gidon Kremer gegründet hatte. Kremer hat damals auf Bitte des umtriebigen Pfarrherrn auch die Sonntagsgottesdienste musikalisch gestaltet, und so strikt war meine atheistische Glaubensfestigkeit dann auch wieder nicht, dass ich mir dieses musikalische Erlebnis hätte entgehen lassen wollen. Auf diese Art bin ich

Theodora Denk

dann in den Genuss der Predigt von Josef Herowitsch gekommen, der wortgewaltig und witzig am Beginn der sommerlichen Urlaubszeit, in der das Festival immer stattfindet, just zum Thema Arbeit gesprochen hat. Anlass dafür hat ihm die Leseordnung geboten, die, passend zum Anfang der Ferien, einen Abschnitt aus dem Matthäusevangelium vorgesehen hat: *Kommt her zu mir alle, die ihr mühselig und beladen seid, ich will euch ausruhen lassen.* Daran hat der geistliche Herr mit spürbarem Genuss die Anekdote von dem frommen Abt geknüpft, der seinen Ordensbrüdern mit seiner überzogenen Menschenfreundlichkeit auf die Nerven gefallen ist. Auch über die finstersten Verbrechervisagen wusste der milde Gottesmann noch immer irgendein Gutes zu sagen, immer fand er etwas, was zu ihren Gunsten sprach und ahnen lassen mochte, dass der Funke der allumfassenden göttlichen Liebe von nichts und von niemandem zum vollständigen Verlöschen gebracht werden könne. Die Brüder hatten schon die äußersten Mittel angewandt, um ihrem Vorsteher doch einmal ein rundum abschlägiges Verdikt über einen Bösewicht zu entlocken. Aber selbst zu Stalin, Hitler und Pol Pot war dem unermüdlichen Künder des unausweichlichen Sieges der kosmischen Harmonie noch ein Begütigendes eingefallen, das zwar manchmal weit hergeholt, aber immer dennoch nicht gänzlich von der Hand zu weisen war. In ihrer Verzweiflung waren die Mönche nun auf ein letztes Mittel verfallen und der Pater Abbas kam gehörig ins Schwitzen, als er von einem fürwitzigen Novizen, der von seinen Mitbrüdern mit dieser Aufgabe betraut worden war, mit gleisnerischer Miene befragt wurde, ob er denn vielleicht auch etwas Gutes über den leidigen Satan zu sagen wisse. Es dauerte eine Zeit, bis der überrumpelte Geistliche nach einigem Äh und Ah zu seiner Erklärung anhob. Der Satan also, nun gut, gewiss, bestimmt könne man vieles zu seinen Lasten sagen. Aber das eine müsse man ihm doch lassen: Fleißig ist er. An diese kleine Anekdote hat der Pfarrer Herowitsch dann eine Reihe von Betrachtungen über die Rastlosigkeit des modernen

Wirtschaftslebens, über die Dringlichkeit des Sabbatgebots im Pentateuch und über die Wertigkeit verschiedener Arten von Arbeit geknüpft. Für die Arbeit gelte nichts anderes als für jedes menschliche Handeln. Ihr Wert oder Unwert lasse sich an ihren Früchten erkennen, er bemesse sich an ihren Zwecken und Zielen, und wer das Leben in allen Dingen dem Praktischen und dem Faktischen unterordnen wolle, der sei, das müsse am Beginn der kommenden ganz der Musik geweihten Tage gesagt sein, ein Banause, ein Banause im Angesicht der Lebenskunst, so kunstsinnig könne er sonst gar nicht sein.

An den famosen Pfarrer Josef Herowitsch habe ich in der vergangenen Woche denken müssen, an dem Projekttag zum Thema Arbeit, Wirtschaft und Ethik, den ich für meine Maturaklasse vorbereitet habe. Eingeladen habe ich einen Professor von der Wirtschaftsuniversität und den CEO eines Handelskonzerns aus der Textilbranche und beide waren entweder nicht bereit oder wahrscheinlich auch gar nicht imstande, auf die Fragen von jungen Menschen ernsthaft einzugehen. Den Anfang machte der Universitätsprofessor, ein früh vergreister Spätdreißiger, der sich nie ohne seinen langen gelben Schal sehen ließ, den er sommers wie winters als sein Markenzeichen um den Hals geschlungen trug. Die Maskerade ist bei meiner Klasse nicht so gut angekommen und der platte Scherz, mit dem er sich offenbar als witziger Kerl einführen wollte, hat auch keiner lustig gefunden. Teenager haben ein feines Gehör für falsche Töne. Er heiße Altbauer, man erkenne ihn an seinem Schal. Was danach gekommen ist, war nicht viel besser. Die wissenschaftliche Arbeit sei eine Arbeit mit belastbaren Daten, auf deren Grundlage zuverlässige Aussagen gemacht werden können, beschied er meiner Klasse. Utopien überlasse er den Literaten und den Spiritisten. Die aktuell herrschende Wirtschaftsordnung sei alternativlos, weil uns bisher noch keine bessere eingefallen sei. Das habe die Geschichte gezeigt. Die Aufbietung aller verfügbaren Arbeitskraft zur Sicherstellung eines beständigen Wachstums sei eine unbedingte Notwendigkeit. Es sei zwar richtig, dass das Wachstum längst mehr Schaden als Nutzen stifte, da es aber die Bedingung für das Funktionieren des gesamten Systems sei, sei auch das weitere Wachstum alternativlos. Seine schädlichen Auswirkungen müssten von den erwartbaren neuen Erfindungen der Ingenieurswissenschaften ausgeglichen werden. Der von künftigen Generationen zu leistende Arbeitseinsatz würde sich auch in Zukunft nicht an Befindlichkeiten und Bedürfnissen, sondern an den Forderungen der Wirtschaft zu orientieren haben. In liberal organisierten Gesellschaften werde es zwar möglich bleiben, sich diesen Forderungen zu entziehen, das werde in Zukunft aber nur um den Preis drückender Armut möglich sein. Der Sozialstaat sei im gegenwärtigen Umfang nicht mehr finanzierbar und müsse zurückgebaut werden, weil seine Aufrechterhaltung im internationalen Wettbewerb einen schweren Schaden für den Standort nach sich ziehen würde. Für die Entwicklung von Alternativen zum herrschenden Wirtschaftsmodell sei er nicht zuständig. Das sei eine Sache für Politiker und Literaten. Er selbst befasse sich mit solchen Entwürfen nicht, weil ihren Autoren zumeist die notwendige Qualifikation fehle und weil es unmöglich sei, Aussagen über das mögliche Funktionieren von neuen Ideen zu machen. Dafür bedürfe es flächendeckender Versuche, und wie solle man diese anstellen? Als ein Mann der Wissenschaft befasse er sich mit Tatsachen, nicht mit Fantasien. Die Tatsachen würden aber nicht von Theoretikern, sondern von den Forderungen des Markts geschaffen, deren Befriedigung in Zukunft eher mehr, aber jedenfalls nicht weniger Arbeitsleistung von jedem einzelnen verlangen werde.

Auch der Konzernchef aus dem internationalen Textilienhandel hatte zu den Zukunftsfragen der jungen Leute wenig zu sagen. Der Begriff der Work-Life-Balance wurde von ihm als unsinnig verworfen. Arbeit sei ein natürlicher Bestandteil des Lebens, und das eine gegen das andere auszuspielen nicht nur sinnlos, sondern sogar gefährlich. Der Frage nach einer Verkürzung der Normarbeitszeit erteilte er eine sehr klare Absage. Wie man eine solche Frage beim aktuellen Arbeitskräftemangel ernsthaft stellen könne, sei ihm unerklärlich. Als Mann der Wirtschaft müsse er sich auch strikt gegen jede moralisierende Bewertung von Arbeit und ihren Produkten verwahren. Straßenbau sei nicht weniger wichtig als Krankenpflege, das Florieren der Autoindustrie für das Funktionieren des großen Ganzen genau so bedeutsam wie gute Bildung. Ethik sei eine ganz private Sache. Da würden Fragen aufgeworfen, die jeder individuell für sich beantworten müsse, wenn er darin einen Sinn sehe. Wirtschaft lasse sich aber schon deshalb nicht nach ethischen Kriterien gestalten, weil dieser Maßstab viel zu ungenau sei und letztlich keine konkrete Orientierung böte. Die philosophische Frage nach guter und schlechter Arbeit, nach wertvollen und wertlosen oder sogar schädlichen Produkten berge deshalb extrem viel Sprengstoff, weil einmal die Frage sei, was ist jetzt gut und was ist böse, was nützlich und was schädlich? Wer solle das entscheiden? Die Antwort gebe ganz einfach der Markt, und er könne nur seinem Vorredner beipflichten, dass sinnvolle Überlegungen nur auf der Grundlage von Tatsachen angestellt werden könnten, wie sie eben von Angebot und Nachfrage geschaffen würden.

Es war zum Heulen. Ein wirkliches Gespräch ist einfach nicht in Gang gekommen. Die Welt der hochgestimmten Entwürfe für eine andere, für eine bessere und gerechtere Zukunft prallte gegen eine Mauer von Gegebenheiten, die nicht zu ändern waren. Gegen den bloßen Versuch der Veränderung sprach die Unvorhersagbarkeit seiner Folgen. Die Tatsachen mussten also unverrückbar bleiben, weil jeder mögliche Eingriff in die komplexe Mechanik ihres Zusammenspiels ein nicht verantwortbares Risiko bedeuten würde und deshalb ein frivoles Spiel mit dem Feuer darstellte. An diesem Tag habe ich das Schulgebäude mit einem Gefühl von Niedergeschlagenheit verlassen, traurig und zornig, und daheim hat mich eine depressive Verstimmung erfasst, die mich seit Tagen

Theodora Denk

nicht verlässt. Am Projekttag hatte ich mich ganz auf die Rolle der unparteiischen Moderatorin zurückgezogen und nichts von dem gesagt, was ich hätte sagen müssen. Aber was ich hätte sagen müssen, fiel mir zu Hause, in der Stille meines Zimmers mit jeder Stunde immer deutlicher ein, und dass ich es tatsächlich zu sagen versäumt habe, belastet mich wie eine Schuld, auch wenn ich mit meinem Schweigen wahrscheinlich meinen Amtspflichten besser entsprochen habe, als ich es getan hätte, wenn ich in Sachen Wirtschaft und Ethik das Notwendige gesagt hätte. Das ist ja eben die Aufgabe der Ethik, den Tatsachen die Forderungen des menschlichen Maßes entgegenzusetzen und sie zu behaupten gegen alle Angstmacherei. Tatsachen sind im Bereich der Wirtschaft nicht viel mehr als ein bequemer Vorwand, mit dem sich jeder status quo verteidigen lässt. Wenn man von Tatsachen ausgeht, ist man soundso verloren. Natürlich hat es auch keinen Sinn, die Tatsachen einfach zu ignorieren. Bestimmt, man muss ihnen ins Gesicht sehen, aber man muss sich davor hüten, sich nach ihnen zu richten. Man muss sie gewissermaßen aus den Augenwinkeln im Blick behalten, und dabei achtgeben, dass sie keine Gewalt über das eigene Denken gewinnen. Das ist nicht leicht, aber man kann das üben. An den Tatsachen orientieren darf man sich auf jeden Fall auf keinen Fall. Wer sein Denken auf Tatsachen gründet, begibt sich auf dünnes und trügerisches Eis. Das hat einen einfachen Grund. Das, was wir die Welt nennen, ist nichts weiter als ein Bündel von Tatsachen. Von sehr vielen Tatsachen, vielen Millionen, vielleicht sogar Milliarden. So genau kann das niemand sagen. Fest steht, dass es viel zu viele sind, um jemals einen Überblick zu gewinnen. Weil das in Wahrheit vollkommen unmöglich ist, verständigen sich die Menschen in gewissen Abständen auf eine Auswahl von Tatsachen, auf die sie dann jeweils alle ihre Vorstellungen und Überzeugungen gründen. Das sind nicht eben sehr viele, ein paar hundert vielleicht, damit die Sache nicht zu komplex wird und einigermaßen überschaubar bleibt. Die im Verhältnis zu der ungeheuren Menge von

Tatsachen, die unsere Welt in Wirklichkeit ausmachen, sehr geringe Zahl der sozusagen als Grundlage für das überhaupt Denkmögliche jeweils gerade zugelassenen Tatsachen wäre für sich genommen kein großer Schaden. In Fällen großer Komplexität tut Reduktion not. Nur die Auswahl der allgemein als bedeutsam angenommenen Fakten ist regelmäßig ein Desaster, und dann natürlich auch der paradoxe Umstand, dass das Feststehende nicht annähernd so feststeht, wie wir das gerne glauben wollen. Ganz im Gegenteil ist der Geltungsbereich verbürgter Tatsachen sowohl örtlich, zeitlich wie auch sozial bedingt und insgesamt erstaunlich eng begrenzt. Das Einzige, was an allen Orten, zu allen Zeiten und quer durch alle sozialen Schichten gleich ist und bleibt, ist die eiserne Bindung der angeblichen Realisten an die gerade vorfindlichen Gegebenheiten, die sie immer für unabänderlich halten, ganz gleich, welche es gerade sein mögen. Wer sich einmal auf Tatsachen eingelassen hat, landet unweigerlich auch immer wieder bei ihnen. Und nicht bei irgendwelchen, sondern ganz genau bei jenen, von denen er ausgegangen ist und die damit die Grenzen seines Denkens bilden. Wenn man zwei Tatsachen nimmt und dabei erwartet, dass sich irgendein wertvolles Ergebnis daraus gewinnen ließe, ist das so, als würde man gesunde Nachkommenschaft aus der Paarung von zwei Maultieren erhoffen.

Man hat überhaupt kein Recht, sich nach den Tatsachen zu richten. Man hat die Pflicht, sich an guten Zielen zu orientieren und an einer Veränderung der Tatsachen mitzuwirken, so dass diese Ziele erreichbar werden. Die Ziele müssen natürlich ethisch definiert sein, aber Ethik, das hatten mir unsere beiden Gäste deutlich vor Augen geführt, ist eine verhandelbare Größe und deshalb ein schwacher Hebel. Plötzlich ertappte ich mich dabei, wie ich meine Kollegen beneidete, welche mehr als die Hälfte meiner Klasse nicht in die kontroversen Prinzipien der Ethik einführen mussten, sondern sich im noch immer konfessionell ausgerichteten Religionsunterricht auf das Wort eines unfehlbaren Schöpfergottes berufen

Theodora Denk

konnten. Und plötzlich wurde mir auch das seltsame Gefühl erklärlich, das mich auf Bahnfahrten erfasst, wenn ich in der Mitte der an den Fenstern vorbeiziehenden Städtchen, Marktflecken und Dörfer die meist überdimensionierten Kirchen mit ihren Türmen erblicke. Meine Gedanken bleiben an diesen Gebäuden hängen, die mit ihrer jenseitigen Bestimmung so seltsam sind für die überzeugte Atheistin, die ich die meiste Zeit meines Lebens gewesen bin. Agnostikerin bin ich allemal geblieben, und deshalb wundert es mich, dass mich der Anblick der für mich doch eigentlich leeren Gotteshäuser immer wieder auf ganz eigenartige Weise berührt. Warum fühle ich eine leise Wehmut darüber, ausgeschlossen zu sein aus einer Gemeinschaft, der ich doch gar nicht angehören möchte? Darüber habe ich viel nachgedacht, und heute, nach der Erfahrung des ins Groteske übersteigerten Positivismus unserer Wirtschaftskapitäne, meine ich verstanden zu haben, woher der eigenartige Zauber dieser Sakralbauten rührt. Es ist die dort geübte wöchentliche Erneuerung des Versprechens, dass die Regeln noch gelten, dass sie respektiert werden, und dass ihre natürlich nicht ausbleibenden Verletzungen nicht das gute Recht des nach seinem eigenen Vorteil strebenden Individuums sind, sondern eine Übertretung, für die Vergebung gesucht und Versöhnung erbeten werden muss. Diese Zusicherung, welche die Mitglieder der Gemeinden einander regelmäßig und in ritueller Form geben, muss jenes Gefühl von Geborgenheit erzeugen, das unsere ganz anders orientierte Wirtschaftspraxis zerstört. Das Wort Voltaires, des großen Aufklärers, kommt mir in den Sinn, dass man Gott erfinden müsste, wenn es ihn nicht ohnedies gäbe, und dass er unbedingt wünsche, dass sein Verwalter und seine Bediensteten an Gott glauben, weil er sich vorstelle, dass er dann weniger bestohlen werden würde. Ob sich die herrschenden Regeln über die Aneignung von Profiten mit dem auf den Gesetzestafeln des Moses festgeschriebenen Verbot des Diebstahls in Einklang bringen lassen, ist wahrscheinlich mehr als nur zweifelhaft. Aber die Bedeutung der Bestimmungen des Dekalogs zählt sicher nicht zu den Tatsachen, über die sich moderne Wirtschaftswissenschafter Gedanken machen. Es ist mittlerweile wohl eine kleine Minderheit, die an jedem Sonntag in den überall noch gegenwärtigen Kirchengebäuden in einem wiederkehrenden Ritual ihren Konsens über die Ideen bekräftigt, auf die ihre Mitglieder das Leben der menschlichen Gemeinschaft gegründet wissen wollen. Ich gehöre dieser Minderheit nicht an, aber die wöchentlich beschworene Abstandnahme vom Tatsächlichen scheint mir nach meinen jüngsten Erfahrungen zumindest eine nützliche Übung.

Theodora Denk

Kapitel XII
Otto Worak

Der sich fragt, was denn die Leute mit der ganzen freien Zeit
anfangen wollen und wer das alles bezahlen soll.

Ich finde das bedrückend, wenn mein Arbeitskollege Kurt an seinem dritten Urlaubstag im Aufenthaltsraum von unserer Firma neben mir sitzt. Er ist in den Urlaub geschickt worden, vom Personalbüro, weil er zu viel Resturlaub stehen hat. Das Wetter ist nicht so gut, da hat er gedacht, er schaut einmal vorbei. Wegfahren wollte er nicht, er weiß nicht wohin. Eigentlich weiß er auch nicht wozu. Auch seine Frau reist nicht so gerne. Der Kurt schaut oft einmal schnell bei den Kollegen vorbei, wenn er Urlaub hat. Das ist nett von ihm. Er ist ein guter Kerl und mag die Kollegen. Aber ich glaube, das ist nicht der hauptsächliche Grund für seine Besuche in der Firma, wenn er Urlaub hat. Es ist ihm einfach oft langweilig, und das sagt er auch. Er ist da nicht der Einzige. In der Buchhaltung habe ich heute die Ulrike getroffen. Ähnlicher Fall. Und wie ich nach Hause gekommen bin, war da die neue Ausgabe von so einem Lifestyle-Magazin, das wir aus irgendeinem Grund abonniert haben. Auf dem Titel war ein Beitrag groß angekündigt: »Was tun gegen Langeweile? 13 Tipps, die Abhilfe schaffen.« Ich habe geglaubt, ich lese nicht richtig. Das ist ein Magazin für Erwachsene, keine Ratgeberpostille für angeödete Teenager, die nicht wissen, was sie mit sich anfangen sollen. Ich habe mir das dann angeschaut. Brettspiele sollen wir spielen, auch Kartenspiele seien sehr spaßig. Man könne auch einmal Musik hören oder einen Podcast. Etwas nähen, stricken, basteln oder irgendwelche Listen schreiben, das sei auch eine gute Idee. Und dann ist da noch gestanden, dass es gegen die langen, leeren Tage ausgezeichnet hilft, wenn man einmal seine Kästen ausmistet. Da habe ich begonnen, mich für die Sache zu interessieren und dabei gesehen, dass laufend Ratgeber gegen Langeweile erscheinen. Das wird ganz offenbar auch gekauft und gelesen. Es muss also sehr vielen Leuten dauernd kolossal langweilig sein, und das sieht man ja auch, wenn man sich anschaut, was sie alles anstellen, um sich die Zeit zu vertreiben. Schon das Wort selbst spricht ja Bände. Zeitvertreib. Da frage ich mich dann schon, wie geht die viele Langeweile zusammen mit diesem neuen Modethema Arbeitszeitverkürzung? Die Leute wissen jetzt schon nicht, was sie mit ihrer vielen Freizeit anfangen sollen. Wie wird das werden, wenn sie in Zukunft nicht nur an zwei, sondern an drei oder vier Tagen in der Woche nicht mehr wissen, wo sie hin sollen mit sich selbst? Ich meine, ich selber habe das Problem nicht, zumindest nicht in dieser Form und nicht jetzt. Aber was ich tun soll, wenn ich in Pension sein werde, das weiß ich ganz ehrlich gesagt auch nicht so genau. Ich liebe meine Frau, aber ich finde es auch nicht falsch, wenn wir nicht sieben Tage in der Woche aufeinander kleben. Das ist etwas, das mir immer wieder einmal Sorge macht, wenn ich an meine Pensionierung denke, nicht dauernd und auch nicht sehr, aber immerhin.

Wirklich schwere Sorgen macht mir meine Pensionierung aber aus einem anderen Grund. Ich werde dann viel weniger Einkommen haben und ich werde meine Kinder nicht so unterstützen können, wie das notwendig wäre, damit sie einen halbwegs akzeptablen Wohnraum finden können, wenn sie einmal ausziehen werden. Es ist mir vollkommen unklar, wie junge Leute heute zu einer Wohnung kommen sollen, wenn sie nicht geerbt haben oder die Eltern alles bezahlen können. Ich habe gelesen, dass die allgemeine Inflation in den vergangenen fünfzig Jahren um die zweihundert Prozent liegt, dass im selben Zeitraum aber die Grundstückspreise um wesentlich mehr als zweitausend Prozent, und in einer großen Stadt wie München sogar um unfassbare dreißigtausend Prozent gestiegen sind. Ich habe nicht studiert und kann das wahrscheinlich deshalb nicht verstehen. Ich habe gelesen, dass es da um das Menschenrecht auf Eigentum geht und dass jeder Eigentümer seine Sachen so teuer verkaufen kann, wie er will. Wenn man da etwas ändern würde, dann würden die Eigentümer ihr Kapital abziehen und anderswo investieren, und dann hätten wir gar nichts mehr. Ich bin ja auch kein Marxist, und ich sehe ein, dass Eigentum eben Eigentum ist. Es ist wichtig, dass die Wirtschaft funktioniert und ich glaube, dass wir einfach alle mehr arbeiten müssen, wenn wir uns eine Wohnung leisten wollen. Es bedrückt mich aber sehr, wenn meine Buben sagen, dass sie das soundso nie schaffen werden, so viel können sie gar nicht arbeiten. Deshalb wollen sie, wenn sie mit der Schule fertig sind, einfach einmal die Welt sehen und sich dann irgendwie durchschlagen. Sie meinen, dass man mit Arbeit soundso zu nichts kommen kann. Sie sind halt jetzt in der Pubertät. Wahrscheinlich ist das einfach so ein Gerede. Sie werden schon zur Vernunft kommen und rechtzeitig ihren Platz in unserer Gesellschaft finden. Aber Sorgen macht mir das trotzdem, vor allem, weil ich von vielen befreundeten Eltern weiß, dass ihre Kinder genau so denken und es auch ganz genau so machen. Das macht mir nicht nur Angst wegen meiner Kinder, sondern auch wegen meiner Pension. Wo soll die herkommen, wenn immer weniger Leute einzahlen? Man kann das Geld ja nicht einfach den Vermögenden wegnehmen. Das ist ja ihr Eigentum, und was einem gehört, das gehört ihm eben, ganz egal, wie viel es ist. Und man kann auch die Steuern auf Gewinne nicht erhöhen, auch dann nicht, wenn die extrem hoch sind. Wir leben jetzt schon in einem Hochsteuerland und wie die Versuche unserer Regierung geendet haben, die fantastischen Gewinne abzuschöpfen, die jetzt gerade im Energiesektor erwirtschaftet worden sind, das wissen wir ja. Meine Söhne sagen zwar, dass man nicht sagen kann, dass diese Gewinne erwirtschaftet werden, sie werden ganz einfach nur eingestreift. Aber das sind Wortklaubereien, das läuft auf eines hinaus. Die einen sind eben reich und die anderen sind arm. Das war schon immer so und daran wird sich auch nichts ändern. Man kann das drehen und wenden wie man will, aber Armut ist keine fixe Größe, die sich nicht verändern ließe. Gegen Armut lässt sich etwas tun, man kann arbeiten. Mit hohen Ansprüchen alleine wird es jedenfalls nicht getan sein. Verlangen kann man natürlich alles. Aber wie und von wem das alles bezahlt werden soll, von der Vier-Tage-Woche bis hin zum bedingungslosen Grundeinkommen für alle, das ja auch gefordert wird, das kann mir niemand erklären. Es sind schon jetzt die Krankenversorgung, die Pflege für alte Menschen und in Wahrheit auch die Pensionen nicht mehr finanzierbar. Der Sozialstaat funktioniert doch nur noch auf Kredit, den wir ja auch einmal werden zurückzahlen müssen. Man darf nicht vergessen, dass die Eigentümer des Kapitals, das wir uns da ausborgen, auch Anspruch auf Zinsen haben, die wir abarbeiten werden müssen. Wir werden gezwungen sein, die Ärmel ordentlich hochzukrempeln, wenn wir unseren Wohlstand erhalten wollen. Mit einer Vier-Tage-Woche bei freier Kost und Logis für alle wird das nicht zu machen sein.

Otto Worak

Kapitel XIII
Laetitia Fröhlich

Die ihr privates Experiment in Sachen bedingungsloses Grundeinkommen vielleicht eine Spur zu weit getrieben hat, aber aus vielen guten Gründen trotzdem nicht davon lassen will.

Jetzt ist es also doch so weit gekommen, dass ich zum Abteilungsleiter zitiert worden bin, weil ich meine Kunden, wie wir die Erwerbslosen nennen, nicht ausreichend unter Druck setze. Ob ich zur Kenntnis genommen habe, dass die Zumutbarkeitsbestimmungen verschärft worden sind, hat er gefragt. Und dann hat er mir ein paar von meinen Akten vorgelegt. Es hat Beanstandungen von der Revision gegeben. Nicht oder nur unregelmäßig absolvierte Schulungen, zu Unrecht abgelehnte Arbeitsplätze, offenkundig mit Absicht hintertriebene Chancen für eine Anstellung, lauter so Sachen, wo ich eigentlich die Auszahlung des Arbeitslosengeldes hätte aussetzen müssen, es aber nicht getan habe. Das Gespräch war mir unangenehm, obwohl der Magister Pressner sein Bestes getan hat, um der Sache den Anstrich eines kollegialen Austauschs zu geben. Ich bin darauf aber nicht wirklich eingestiegen, habe alles abgestritten und mich nach Kräften blöd gestellt. Irgendwann hat der Pressner dann aufgegeben. Er hat mit den Schultern gezuckt und gesagt, dass er einen Gesprächsvermerk anlegen muss, und dass er hofft, dass ich verstehe, dass die Sache ernst ist. Ich würde unter Beobachtung stehen und er müsse mich in aller Kollegialität darauf hinweisen, dass einige meiner Erledigungen hart an die Grenze des Amtsmissbrauchs zum Nachteil der Republik schrammen. Meine kritische Einstellung zum gesetzlich vorgeschriebenen Sanktionsregime sei im Haus bekannt, und er sehe in Anbetracht des vorliegenden Revisionsberichts keine Möglichkeit, mich auf Dauer vor den Folgen meiner Handlungsweise zu schützen. Es sei deutlich zu erkennen, dass meine Entscheidungen nicht am Gesetz orientiert seien. Das sei schon an sich nicht zu verantworten, vollkommen unverständlich sei ihm das aber in Anbetracht der herrschenden Situation auf dem Arbeitsmarkt. Überall würden händeringend Arbeitskräfte gesucht, auch und vor allem in Bereichen, in denen es um die Bereitstellung lebensnotwendiger Güter und Dienstleistungen ginge. Das sei jetzt einfach nicht die Zeit, Arbeitsunwillige zu decken. Dazu hätte ich viel zu sagen gehabt, sehr viel sogar. Das, was aus meiner Sicht eigentlich zu sagen gewesen wäre, habe ich aber nicht sagen können, ohne meine Strategie des Abstreitens und des Leugnens aufzugeben. Ich hätte zugeben müssen, dass ich bei einigen meiner Erledigungen die Möglichkeiten, die mir im Rahmen der Beweiswürdigung und des freien Ermessens eröffnet sind, in wahrscheinlich gesetzeswidriger Weise nütze, um Entscheidungen rechtfertigen zu können, von denen ich weiß, dass sie nicht im Sinne der neuen Vorschriften sind, die mir aber in der Sache angemessen scheinen. Das wäre nicht ungefährlich gewesen und auf eine Grundsatzdiskussion hinausgelaufen, an der der Magister Pressner kaum interessiert gewesen wäre, und die für mich sehr massive Folgen hätte haben können. Er macht einfach seinen Job, und ich habe ihm da gar nichts vorzuwerfen. Seine Aufgabe ist es sicherzustellen, dass die gesetzlichen Vorgaben für unsere Arbeit erfüllt werden. Dass ich manche dieser Vorgaben für sinnlos und einige von ihnen sogar für schädlich halte, ist mein höchstpersönliches Problem. Es ist mir klar, dass ich meine regelwidrigen Erledigungen nicht mit meinen privaten Ansichten rechtfertigen kann. Ich habe also in der Sache nichts weiter gesagt, habe mich ahnungslos und unschuldig gestellt, und einfach hinhaltenden Widerstand geleistet. Der Magister Pressner hat mir dann die einschlägigen Bestimmungen vorgelesen, die ich in mehreren Fällen außer Acht gelassen hätte. Am Ende hat er mich gebeten, das Protokoll zu unterschreiben, in dem ausdrücklich festgehalten war, dass ich über die Rechtslage und die Rechtsmeinung des Vorstands über die gesetzeskonforme Anwendung der Bestimmungen belehrt worden bin. Das habe ich getan, und damit war das Gespräch beendet. Jetzt habe ich ein flaues Gefühl, weil das, was mir der Magister Pressner vorgehalten hat, im Kern natürlich wahr ist. Ob man mir im Zweifelsfall eine vorsätzlich unrichtige Beweiswürdigung oder die willkürlich unsachgemäße Nutzung meines Ermessensspielraums nachweisen könnte, das weiß ich nicht. Auf jeden Fall hängt das Damoklesschwert über mir und die Sache verfolgt mich bis in meine Träume.

Ich habe deshalb jetzt versucht, meine Gedanken ein wenig zu ordnen. Die Schlüsse, zu denen ich dabei komme, führen mich aber beim besten Willen nicht zu den Maßnahmen, die ich von Gesetzes wegen zu verhängen hätte. Es gibt da ein paar Dinge, die ich doch deutlich anders sehe als der Gesetzgeber. Wahrscheinlich ist das deshalb so, weil ich anders als die Verschärfungsmagister in ihren fernab vom Schuss gelegenen Parlamentsbüros jeden Tag an der Front stehe. Ich bin eine langgediente Praktikerin. Ich sehe das tatsächliche Leben und damit auch die Folgen der vom Gesetz geforderten Sanktionen. Es ist sehr einfach, meinen Problemfällen ihre Bezüge zu sperren. Damit sind sie dann einmal draußen aus unserer Statistik und bekommen kein Geld mehr aus unserem Budget. Essen, trinken und irgendwo wohnen müssen sie aber trotzdem, und weil diese Leute ja in der Regel nicht auf verborgene Schätze zurückgreifen können, schlagen sie eher früher als später an irgendeiner anderen Stelle im Sozialsystem wieder auf. Das ist im günstigeren Fall die Obdachlosenhilfe, ein Spital oder eine Pflegeeinrichtung, im ungünstigeren der Strafrichter und das Gefängnis. Die Versorgung durch egal welche dieser Einrichtungen verursacht Kosten, die beträchtlich über jenen der monatlichen Leistungen liegen, die ich nach den geltenden Regeln zu sperren hätte. Die Sanktionen, die ich eigentlich verhängen sollte, sind also jedenfalls ökonomisch gesehen sinnlos. Zudem erhöhen sie das Risiko einer großen Bandbreite von sozial nachteiligen Folgen, von der Verwahrlosung über die Erkrankung bis hin zum Abstieg in die Kriminalität. Festgehalten wird an dem ganzen Sanktionenhokuspokus angeblich zum Zweck der Abschreckung von allen, die es sich sonst in der mit durchschnittlich elfhundert Euro gepolsterten sozialen Hängematte bequem machen würden. Dass diese Drohung bei denen, gegen die sie sich richtet, nicht verfängt, ist erwiesen.

Bleibt also nur die Befriedigung eines irregeleiteten Gerechtigkeitsgefühls, das eine kleine Gruppe sozial deklassierter Menschen ordentlich vexiert und geschurigelt sehen möchte, als eine Art perverse Kompensation für den ärgerlichen Umstand, dass man genötigt ist, auch ohne ersichtlichen Grund erwerbslose Menschen irgendwie zu alimentieren. Wie eng in den Fällen von langdauernder Erwerbslosigkeit Unwilligkeit und Unvermögen beieinander liegen, und wie schwer das eine vom anderen zu unterscheiden ist, das lernt man zu sehen, wenn man sich, so wie ich, seit dreißig Jahren mit dieser Frage nicht nur theoretisch beschäftigt, sondern täglich in Fleisch und Blut damit konfrontiert ist. Ich gebe gerne zu, dass es mir grundsätzlich widerstrebt, mir da ein Urteil anzumaßen. Man wird mir aber einräumen müssen, dass es auch tatsächlich kaum möglich ist, das eine vom anderen treffsicher zu unterscheiden.

Der Magister Pressner hat mir auch ins Gewissen geredet wegen des akuten Mangels an Arbeitskräften. Offenbar glaubt er wirklich, dass diesem Problem durch Erhöhung des Drucks auf Erwerbslose erfolgreich begegnet werden könnte. Das ist sehr wahrscheinlich ein Irrglaube, aber ganz abgesehen davon fände ich es lohnend, einmal ernsthaft der Frage nachzugehen, was wirklich dran ist an diesem ganzen Gerede vom Arbeitskräftemangel. Wenn ich mir so ansehe, zu welchen Unternehmen und für welche Tätigkeiten ich meine arbeitsuchenden Klienten vermitteln soll, dann kommen mir Zweifel, ob die kostbare Ressource Arbeitskraft so sparsam, schonend, effizient, sinnvoll und mit dem gebührenden Respekt für ihren Wert eingesetzt wird, wie das notwendig ist. Man wird

Laetitia Fröhlich

diese Frage, mit ein paar Abstrichen vielleicht, grundsätzlich mit Ja beantworten können, wenn man die Erzielung von Gewinn und die Mehrung von Geldvermögen als den eigentlichen Zweck von Arbeit betrachtet. Dezidiert verneinen wird man sie aber müssen, wenn man den Sinn der Arbeit in der Verwirklichung sozialer Zielsetzungen und in der Pflege des Planeten, anstatt in seiner hemmungslosen Ausbeutung sieht. Ein sehr guter Teil der Arbeit, mit der sich ein einigermaßen angemessener Lohn verdienen lässt, ist solchen Zielen geradezu entgegengesetzt. Es ist also offensichtlich, dass mit der Ressource Arbeit rücksichtslos und verschwenderisch umgegangen wird, und unter dieser Voraussetzung wird jede Ressource irgendwann einmal knapp, gleichgültig, wie viel davon zur Verfügung steht. Vielleicht sollten wir größere Anstrengung darauf wenden, eine sinnvolle, sozial und ökologisch verträgliche Nutzung von Arbeitskraft sicherzustellen, anstatt uns darauf zu konzentrieren, Druck auf Menschen auszuüben, damit dem Markt möglichst unbeschränkte Mengen an Arbeitskraft zur Verfügung stehen.

Mir wird immer wieder vorgehalten, dass ich mit dieser Einstellung vielleicht nicht unbedingt die richtige Berufswahl getroffen habe. Das finde ich aber überhaupt nicht. Als Arbeitsvermittlerin sehe ich es eben nicht als meine Aufgabe, möglichst viele Menschen zu möglichst rastloser Erwerbstätigkeit anzuhalten. Das mag der gesetzliche Auftrag meines Dienstgebers sein, aber ich nehme mir heraus, auch auf diesen Auftrag einen kritischen Blick zu werfen, und der führt mich immer mehr zu der Vermutung, dass mit der Gewährung eines bedingungslosen Grundeinkommens unseren vordringlichsten Staatszielen besser gedient wäre als mit einer allgemeinen Arbeitspflicht. Die gibt es bei uns zwar offiziell nicht, aber die Sanktion der vollkommenen Mittellosigkeit oder der Altersarmut als Folge von Erwerbslosigkeit oder Teilzeitarbeit ist so schwerwiegend, dass man durchaus von einer Arbeitspflicht sprechen kann. Begründet wird diese Pflicht zur Erwerbsarbeit mit einer ökonomischen Notwendigkeit, die es in Wahrheit aber schon längst nicht mehr gibt. Heute ist die Versorgung aller Menschen schon seit geraumer Zeit mit viel weniger Arbeit sichergestellt, als sie tatsächlich geleistet wird. Da muss man sich schon fragen, wozu die so heftig propagierte Vollbeschäftigung eigentlich gut sein soll. Vollbeschäftigung ist kein eigenständiges Ziel, sondern lediglich ein Mittel. Und wozu soll dieses Mittel beim heutigen Stand der Arbeitsproduktivität dienen? Für die angemessene Versorgung ist sie nicht notwendig, dafür würde ein zweckmäßiger Einsatz der tatsächlich verfügbaren Menge der Ressource Arbeitskraft vollkommen ausreichen. Für die Erreichung anderer Staatsziele wie zum Beispiel für die Reduktion der Erderwärmung, den Erhalt des ökologischen Gleichgewichts oder den Artenschutz ist Vollbeschäftigung eher schädlich als nützlich. Warum sollen wir also weiterhin alle Personen im arbeitsfähigen Alter in den Erwerbsprozess nötigen, anstatt einmal ernsthaft über ein bedingungsloses Grundeinkommen nachzudenken?

Ich habe mittlerweile einen ganz guten Überblick über die Argumente gegen das Grundeinkommen. Wirklich überzeugend klingt wenigstens für mich kaum etwas davon. Es ist erstaunlich, von welchen Sorgen die diversen Bedenkenträger gegen eine allgemeine Existenzsicherung geplagt werden. Man muss sich ja nicht lange aufhalten mit dem Einwand, dass bei Gewährung eines ohne Arbeitsleistung garantierten Minimaleinkommens niemand mehr bereit sein würde, für wenig Geld vierzig Stunden pro Woche die verzehrende, gesundheitsschädliche und oft auch noch gefährliche Drecksarbeit zu tun, die ja schließlich auch erledigt werden muss. Das ist nichts weiter als die Philosophie einer Diebsgesellschaft, die mit großer Selbstverständlichkeit ihr Recht behauptet, sich an den Mühen von Menschen zu bereichern, die in die Botmäßigkeit gedrückt sind und denen der gerechte Lohn nach den Gesetzen der Marktlogik vorenthalten werden kann. Witziger ist da schon die zartfühlende Sorge wegen der drohenden Verlotterung und Infantilisierung von Menschen, falls der Zwang zur täglichen Erwerbsarbeit aufgehoben würde. Wenn die Befriedigung der elementaren Grundbedürfnisse nicht mehr an die Bedingung der Erwerbstätigkeit geknüpft sein sollte, könnte das zu einem Herabsinken der Leute in einen Status erlernter Hilflosigkeit führen, und das Grundeinkommen könnte für manche den endgültigen Ausschluss von der Erwerbsarbeit bedeuten, statt ihnen die so wünschenswerte Inklusion in die Arbeitsgesellschaft zu ermöglichen. Ob jemand die Inklusion in die Arbeitsgesellschaft für wünschenswert hält, hängt, denke ich mir, sehr stark von der Art der Arbeit ab, die er tun darf oder die ihm abverlangt wird. Der Leiter irgendeines Think-Tanks in seinem klimatisierten Büro wird darüber anders denken als der Industriearbeiter, der zur Nachtschicht an den Hochofen muss. Auch verstehe ich nicht, warum jemand hilflos werden sollte, wenn er nicht mehr gezwungen wird, täglich acht Stunden einem Erwerb nachzugehen. Das trifft auf die Pensionisten, die ich kenne, nicht zu, und auch die Leute, die wegen ihres Reichtums nicht genötigt sind, einem Erwerb nachzugehen, fallen nicht durch Hilflosigkeit auf.

Beeindruckt hat mich das Argument, dass die arbeitsintensiven Erfordernisse der Reparatur und der Eindämmung von Umweltschäden eben immer mehr Arbeit verlangen würden, und dass deshalb auf keine Hand zur Umrüstung unserer Industrie verzichtet werden könne. Aber eigentlich heißt das nur, dass die Schäden, die zuerst mit enormer Arbeitsanstrengung angerichtet werden, danach mit noch größerer Mühe behoben werden müssen. Da wäre es doch vielleicht klüger, mit der größtmöglichen Reduktion jener Arbeit zu beginnen, durch die Schäden verursacht werden, und damit gleichzeitig die zu ihrer Behebung notwendige Arbeit einzusparen. Am lustigsten finde ich aber die Debatte über die Finanzierbarkeit eines bedingungslosen Grundeinkommens. Geführt wird diese Diskussion ja hauptsächlich von den Steuermännern verschiedener Think-Tanks, die ihre vorgefassten Meinungen gerne noch durch irgendwelche angeblichen Forschungsarbeiten untermauern, die sie selbst durchführen. Überraschenderweise zeigen die Ergebnisse ihrer Forschungen immer genau das, was die Denker in ihren Tanks schon vorher gewusst haben. Von den Befürwortern des Grundeinkommens wird uns vorgerechnet, dass es nicht nur finanzierbar wäre, sondern sogar noch die Wirtschaft beleben würde. Die gegnerischen Think-Tank-Lenker beweisen ebenso mathematisch, dass es zum Zusammenbruch der Staatsfinanzen führen würde und vollkommen unfinanzierbar ist. Wer recht hat, kann ich nicht beurteilen. Aber ich wundere mich schon seit langem darüber, was nicht alles finanzierbar, und was alles nicht finanzierbar ist. Jederzeit finanzierbar sind die Versiegelung von Boden und gigantische Bauprojekte, auch Milliardenbeträge für die Dotierung von Privatbanken aus öffentlichen Budgets sind stets verfügbar, für neue Autostraßen fehlen nie die Mittel, ebensowenig wie für Waffen und für Kriege. Jedenfalls habe ich noch nie gehört, dass irgendwo ein Krieg abgesagt worden wäre, weil zu wenig Geld da ist. Nicht finanzierbar sind regelmäßig Bildung, Krankenversorgung, Pflege und natürlich der Sozialstaat, und das ungeachtet der Tatsache, dass die privaten Vermögen der oberen Zehntausend ständig wachsen. Die Wahrheit ist wahrscheinlich, dass niemand so genau sagen kann, wie sich ein bedingungsloses Grundeinkommen auswirken würde. Das geben die seriösen Forscher ja auch zu. Feststellen könne man das nur mit einem groß angelegten Experiment, und wie wolle man das denn anstellen? Das sei viel zu riskant, und deshalb müsse alles beim Alten bleiben. Ich finde diese Antwort einerseits ehrlich, aber doch auch ein bisschen armselig. Ich glaube schon, dass es viele gute Gründe gibt, nicht von jetzt auf gleich einfach einmal das Füllhorn zu öffnen. Da wird man an allerlei Schrauben drehen müssen, damit da etwas Gutes dabei herauskommt, auch an sehr großen. Ich sehe aber auch, dass die vielen Experimente, die in diese Richtung schon gemacht worden sind, durchwegs sehr gute Ergebnisse gezeigt haben. Die

Leute sind weder hilflos noch arbeitsunwillig oder erwerbsunfähig geworden, nur stärker selbstbestimmt und anspruchsvoller, wenn es um den Verkauf ihrer Arbeitskraft geht. Das finde ich ja nun nicht schlecht.

Auch wenn mir die Sache Magenschmerzen macht, werde ich deshalb mein eigenes kleines Experiment in Sachen Grundeinkommen in meinem Wirkungsbereich fortsetzen. Rausschmeißen werden sie mich nicht so schnell, und wenn doch, bin ich ja vielleicht wirklich in einem privaten Unternehmen besser aufgehoben. Ich bin Arbeitsvermittlerin, keine Zuchtmeisterin für arme Kerle, die nicht mögen oder nicht können.

Kapitel XIV
Kevin Lorre

In dem sich ein junger Mann durch erfreuliche Ereignisse
gezwungen sieht, seinen erlernten Beruf wieder aufzunehmen,
warum er das auch gerne tun würde, und warum er dann doch
davon Abstand nimmt.

Wir sind jetzt seit einem Jahr zu dritt und in sechs Monaten werden
wir zu viert sein. In recht absehbarer Zeit wird es also nicht mehr
viel nützen, das Tanja und ich wenig brauchen, zumindest wenig,
das Geld kostet. Wir müssen daran denken, wie wir unseren Kindern einen guten Start ins Leben ermöglichen. Wir wollen, dass sie
früh die Freude am sozialen Umgang mit anderen Menschen erfahren, dass sie Liebe und Freundschaft geben und annehmen lernen, dass sie an sportlichen Aktivitäten, an Musik, Kunst, Umgang
mit Tieren und den vielen Abenteuern der Kindheit und Jugend
teilhaben können, die der notwendige Kapitalstock für ein geglücktes Leben sind. Das braucht in der Welt, so wie wir sie uns eingerichtet haben, leider auch eine ganze Menge Geld, und um das zu
verdienen, werden wir wohl beide ziemlich viel Zeit für den Erwerb
aufbringen müssen. Lieber würden wir diese Zeit haben, um unsere Kinder ins Leben zu begleiten. Das ist aber nicht im Sinn der
Wirtschaft, die unsere Arbeitskraft braucht. Nicht, dass wir das
nicht schon zuvor vermutet hätten. Aber als wir vor zwei Wochen
im Radio gehört haben, dass Unternehmen und Industrie fordern,
dass die Lebensbedingungen für Teilzeitarbeiter erschwert werden
sollen, haben wir doch nicht schlecht gestaunt. Ich habe mir das
dann noch einmal angehört, weil ich nicht sicher war, ob ich nicht
falsch gehört habe. Aber es war genau so, wie ich es schon beim
ersten Mal verstanden hatte. Zuerst ist es da um die Letzte Generation gegangen. Es war das übliche Gerede über die große Sympathie

für die Anliegen der jungen Leute, denen aber mit unbedingt abzulehnenden Gewalttaten wie der Besudelung von Panzerglasscheiben mit Tomatensuppe schlecht gedient wäre. Das war ein bisschen einschläfernd. Hellhörig bin ich geworden, wie dann ein Herr Marter von so einem Verband zur Vertretung von Unternehmerinteressen den Aktivisten gute Ratschläge erteilt hat. Wenn sie wirklich etwas tun wollten gegen den Klimawandel, sollten sie doch lieber mitarbeiten an der flächendeckenden Versorgung von Wirtschaft und Industrie mit erneuerbaren Energien. Arbeitskräfte würden da überall händeringend gesucht und die notwendige Umrüstung werde von Leuten besorgt, die mit anpacken, aber nicht von solchen, die auf der Fahrbahn kleben und andere daran hindern, zur Arbeit zu kommen. Richtig gut geworden ist es aber erst, wie der Herr Marter begonnen hat, Verständnis für meine Generation zu zeigen. Er verstehe natürlich sehr gut die Situation von jungen Leuten, hat er gesagt. Der Klimaschutz sei ein sehr wichtiges Ziel. Das stehe überhaupt nicht zur Debatte. Aber es gebe eben auch andere Ziele. Aufgabe der Wirtschaft sei es, für Wohlstand zu sorgen und die Armut zu bekämpfen. Das könne sie aber nur, wenn die Lohnkosten nicht steigen, weil ja sonst alles teurer würde. Aus demselben Grund wäre eine Senkung der Normarbeitszeit unmöglich. Das wäre zwar ein Vorteil für die Arbeitnehmer, würde es aber erschweren, auf den internationalen Märkten kompetitiv zu werden. Kompetitiv zu werden. Hat er wirklich gesagt. Diese Ziele müssten immer ganz genauso im Auge behalten werden wie der Klimaschutz. Und dass man nicht das eine gegen das andere ausspielen darf. Dann hat der Herr Marter noch gesagt, wie gut er es verstehen kann, dass die Betreuung von Kindern eine wichtige Aufgabe ist. Aus diesem Grund verlange er auch, dass der Staat kostenlose Plätze für die Kinderbetreuung zur Verfügung stellen soll, damit Unternehmen und Eltern entlastet werden. Welchen Sinn sollte es den bitte haben, dass die frische Arbeitskraft junger Menschen der Wirtschaft entzogen wird, nur weil sie Kinder bekommen haben? Es wäre doch viel besser, wenn der Staat Aufbewahrungsorte für die Kinder bereitstellt. Damit wäre ja nicht nur der Wirtschaft gedient, sondern auch den jungen Eltern, die sich so im Berufsleben selbst verwirklichen und sich vor Altersarmut schützen könnten.

Das ist alles aus dem Herrn Marter herausgekommen wie eine Salve aus einem Maschinengewehr und ich habe eine Zeit gebraucht, um für mich zu ordnen, was das eigentlich bedeutet. Ich denke, dass ich das jetzt verstanden habe. Der Herr Marter will, dass Tanja und ich unsere Arbeitskraft Tag für Tag und von früh bis spät seinen Unternehmen zur Verfügung stellen, damit mit unseren Steuergeldern die Aufbewahrungsstätten finanziert werden können, an denen wir in der Früh unsere Kinder abgeben sollen, die wir von dort am Abend wieder abholen dürfen. Das verlangt er aber nur mit Rücksicht auf uns und auf unsere eigenen Interessen, damit wir uns selbst verwirklichen können, und damit wir der von uns in unserem jugendlichen Leichtsinn gar nicht wahrgenommenen Gefahr der Altersarmut entgehen können. Für mich hat die rührende Fürsorge eines Wirtschaftsfunktionärs, wie der Herr Marter einer ist, einen schalen Geschmack. Wenn so einer vor allem die Frauen in Schutz nehmen will, die aus Ahnungslosigkeit in die Teilzeitfalle gehen, und die sich dann, wenn es zu spät ist, in den Fängen der Altersarmut wiederfinden, muss ich immer denken, dass es gerade Typen wie er sind, die dafür sorgen, dass es in einem der reichsten Länder der Welt so etwas wie Altersarmut oder Armut überhaupt noch immer gibt. Die Abschaffung dieses Skandals wäre wirtschaftlich ohne Weiteres möglich. Verhindert wird das nur von Interessenslobbys wie der seinen, die sich dem überfälligen Ende dieser Kulturschande unter allen möglichen Vorwänden hartnäckig entgegenstemmen. Am häufigsten geschieht das wegen einer angeblichen Schädigung des Standorts oder einer Verschlechterung unserer Chancen im Wettbewerb. Wir müssen alle kompetitiver werden, wie der Herr Marter sich gerne ausdrückt. Nur dass solche wie wir vom Wettbewerb halt leider nichts haben, weil die Voraussetzung für unseren Sieg bei dieser merkwürdigen Veranstaltung ja ausgerechnet die ist, dass wir immer mehr arbeiten müssen, ohne dass deshalb unsere Einkommen merkbar steigen dürfen.

Das klingt in meinen Ohren alles wie ziemlicher Unsinn, wahrscheinlich deshalb, weil es auch ein ziemlicher Unsinn ist. Andererseits ist es dann auch wieder kein Unsinn, für diejenigen nämlich, die von dem Wettbewerb profitieren, an dem Tanja und ich jetzt bald wieder teilnehmen werden, weil wir dazu gezwungen sind.

Wir haben uns also umgesehen, und ich zuallererst einmal in dem Beruf, den ich zuletzt erlernt habe und der mir gefühlsmäßig auch am meisten liegt. Ich bin also zu meinen alten Freundinnen und Kollegen ins Spital zurück und habe mich erkundigt, was denn so weitergegangen ist in den fünf Jahren, seit ich das Weite gesucht habe. Die Auskünfte, die ich bekommen habe, waren mehr als ernüchternd. Erstens waren da nur mehr ganz wenige, die ich noch von früher gekannt habe, und die, die noch da waren, haben erzählt, dass die Dinge jedenfalls nicht besser geworden seien, leider eher noch schlimmer. Immer mehr Zeit gehe für Dokumentationen und Berichte drauf, für die eigentliche Arbeit mit den Patienten bleibe immer weniger Raum. Auf der Geriatrie gibt es einen akuten Pflegenotstand. Wegen des Personalmangels gibt es dort zu wenig Zeit, um die Grundversorgung der oft bettlägrigen Patienten aufrecht zu erhalten. Es geht sich einfach nicht mehr aus, dass man jeden mindestens einmal pro Woche duscht. Das führt natürlich zu gesundheitlichen Folgeschäden bei den alten Leuten. Die Kinderstation ist vor zwei Jahren geschlossen worden, angeblich, weil sich keine Ärzte dafür finden, aber in Wahrheit ziemlich offensichtlich deshalb, weil sie sich nicht gerechnet hat. Dafür hat die Zahl der augenscheinlich sinnlosen Operationen zugenommen. Wenn einer mit Schmerzen im Knie daherkomme, wird so gut wie immer geschnitten. Das ist lukrativ für das Krankenhaus. Eine konservative Therapie, wie sie in den meisten Fällen sinnvoll ist, wird nur sehr selten aktiv empfohlen. Sie kostet im Spitalsbetrieb Zeit und bringt kein Geld. Es kostet auch Zeit und Geld, einem Diabetiker seine angegriffenen Gliedmaßen zu erhalten. Für die konservative Therapie erhalten die Spitäler vom Staat 2.500 Euro, für die schnelle erledigte Amputation gibt es fast 11.000. Bei uns wird jedes Jahr 40.000 Patienten der Fuß abgenommen. Im Ärzteblatt steht, dass diese unnotwendig hohe Amputationsrate ein Desaster ist. Aber geändert wird daran natürlich nichts.

Im Grund war das alles für mich nicht neu, weil genau solche Dinge mich dazu gebracht haben, hinzuschmeißen und aus dem Beruf auszuscheiden, den ich sehr gerne weiter ausgeübt hätte. Es war wahrscheinlich naiv von mir, dass ich gehofft habe, dass sich da vielleicht etwas geändert haben könnte, weil doch jetzt überall so verzweifelt nach Arbeitskräften gesucht wird und im Pflegebereich zumal. Aber natürlich soll in dem von Herrn Marter gewünschten Wirtschaftssystem der Personalmangel nicht dadurch behoben werden, dass man gute und erfüllenden Arbeitsbedingungen schafft, so dass die Leute Freude an ihrer Tätigkeit haben, sondern dadurch, dass man teilzeitarbeitende Eltern unter Druck setzt und sie zwingt, ihre kleinen Kinder in den Hort zu bringen. Ich finde das ja alles entsetzlich und vollkommen sinnlos, aber was soll ich tun, es sind wohl die Marters, die die Welt beherrschen. Ich habe mich deshalb umgesehen, ob ich ein Spital finde, in dem ich meinem Beruf als diplomierter Krankenpfleger in einem sozial gesunden Ambiente nachgehen kann. Das ist nicht leicht, weil heute fast schon die Hälfte aller Kliniken in meinem Land gewinnorientierten Unternehmen gehören und gar nicht wenige auch börsennotierten Konzernen. Aus der Sicht der Ökonomen ist das Krankengut, wie in der Wirtschaftssprache die Patienten genannt werden, ein bewirtschaftbares Objekt wie jedes andere auch. So betrachtet ist die Krankheit auch kein Übel, das kuriert werden, sondern eine Erwerbschance, die optimal genutzt und gewinnbringend verwertet werden muss. Auf diese Art kann man mit klugen Investments in die ertragsoptimierte Nutzung des wertvollen Gutes Krankheit zweistellige Renditen erzielen. Das war bis vor fünfzig Jahren anders. Da war es den Krankenhäusern bei uns verboten, Gewinne zu machen. Ich war damals noch nicht auf der Welt, aber ich glaube nicht, dass die Versorgung unserer Patienten durch die Gewinnorientierung der Spitäler besser geworden ist. Auch dass die öffentliche Hand große Einsparungen dadurch erzielt hat, halte ich für eher unwahrscheinlich, weil ja jetzt nicht nur die Aufwendungen für den Gesundheitsapparat bezahlt werden müssen, sondern zusätzlich auch noch die Gewinnerwartungen der Investoren zu befriedigen sind. Ich habe mir trotzdem ein paar dieser Unternehmen angesehen. Vor allem habe ich mich für die Stellenbeschreibungen und Angebote für das diplomierte Pflegepersonal interessiert. Zu lesen habe ich regelmäßig dann aufgehört, wenn ich Sätze gefunden habe wie diesen: »Gemeinsam mit dem Betriebsrat wird entschieden, was für das Unternehmen am besten ist.« Ich denke mir, dass es vielleicht besser wäre darüber nachzudenken, was für die Menschen und den Planeten am besten ist, beispielsweise weniger Arbeit, weniger Profit und eine auf die Bedürfnisse der Kranken statt auf die Erwartungen der Investoren ausgerichtete Medizin. Ich habe im Zug meiner Recherchen herausgefunden, dass etwa die Hälfte aller Chefärzte in unserem Land eine Bonusklausel in ihren Arbeitsverträgen haben. Der Bonus ist nicht von der Anzahl geheilter oder optimal versorgter Patienten abhängig, sondern vom Finanzgewinn, den die Station des Chefarztes einfährt. Ich habe das gar nicht glauben können, weil mir eine solche Klausel nicht nur sittenwidrig erscheint, sondern in einem Ausmaß obszön, dass ich gar keine Worte dafür finden kann. Ich weiß nicht, warum solche Verträge in einem zivilisierten Staat überhaupt legal sind. Es dreht mir den Magen um, wenn ich daran denke, dass der Chefarzt, der auf seiner Station so wenig Pflegepersonal beschäftigt, dass nicht einmal eine wöchentliche Dusche für jeden Patienten möglich wird, für diesen schonenden Umgang mit den finanziellen Interessen der Investoren eine Sonderzahlung erhält. Ich möchte in einem solchen Industriebetrieb nicht arbeiten, und ich fürchte, dass es in anderen Betrieben nicht anders hergeht. Eigentlich möchte ich nirgendwo tätig werden, wo das oberste Ziel nicht die Bereitstellung einer guten Dienstleistung oder die Erzeugung eines nützlichen Produkts ist, und wo stattdessen die Erzielung von Ertrag für Investoren an erster Stelle steht. Das ist aber eine Bedingung, unter der es schwer ist, einen einigermaßen gerecht entlohnten Platz im Erwerbsleben zu finden. Tanja und ich sind da zumindest vorläufig noch nicht wirklich fündig geworden. Die Angebote, die wir von der Arbeitsagentur bekommen finden wir zum größten Teil vollkommen bescheuert, um nicht zu sagen grenzkriminell. Da sind nicht wenige Unternehmen dabei, die aktiv zur weiteren Überschreitung der planetaren Grenzen bei-tragen. Vier von diesen insgesamt neun Grenzen waren ja schon bisher verletzt, heuer sind noch zwei dazugekommen, und es sind jetzt also die Verschlechterung des Klimas, die Vernichtung der Artenvielfalt, das Verschwinden der Wälder, der Stickstoffeintrag in die Böden, die zunehmende Trockenheit und die Verseuchung der Gewässer durch Mikroplastik, zu denen wir mit unserer Er-werbsarbeit beitragen sollen, während die Kinder in der Aufbewah-rung sind. Das wollen wir nicht, und es macht uns große Sorge, wie wir unseren Kleinen eine gute Kindheit und Jugend bieten sollen, wenn wir nicht bereit sind, unsere Arbeitskraft auf einen solchen Markt zu tragen.

Kevin Lorre

Keine Diagnose

In welcher der Therapeut den Rat seines dauerhaft verreisten Freundes zu spät sucht und dennoch von ihm Auskunft erhält.

Was man immer zuletzt bemerkt, ist, wenn man sich mit einer Aufgabe übernommen hat. Der Gedanke dämmert einem allmählich. Aber je mehr Zeit und Energie man schon auf die Sache gewandt hat, umso mehr sträubt sich alles in einem, die Zeichen zu sehen und bleiben zu lassen, was über die eigenen Kräfte geht. Es ist genau dieses Prinzip, das mich immer weiter getrieben hat, als ich in Wahrheit schon längst verstanden hatte, dass ich für eine wesentliche Leidenserfahrung unserer Zeit keine Antwort weiß und auch keine finden kann. Das Leiden an der Arbeit scheint mir immer weniger ein Leiden an der Arbeit selbst zu sein. Es geht da mehr um ein vages Gefühl von Sinnlosigkeit, eine Ahnung, dass die eigene Anstrengung schlechten Zwecken dienen könnte. Es gibt da ein nicht greifbares Misstrauen, das zu Vorsicht und Rückzug drängt. Mir ist ein Buchtitel in den Sinn gekommen, der vor vierzig Jahren Furore gemacht hat. »Wir amüsieren uns zu Tode«. Heute sollten wir uns vielleicht fragen, ob wir uns nicht eher zu Tode arbeiten. Nicht, weil die Arbeitslast, die jeder Einzelne zu tragen hat, so drückend wäre. Das mag manchmal auch zutreffen. Aber diese Art von Arbeitsbelastung ist in unseren Breiten bestimmt seltener geworden. In den Ländern der Europäischen Union tritt sie nur noch unter extremen Bedingungen auf, wie zuletzt während der Pandemie beim Spitalspersonal oder im Schulbetrieb, aber auch dann bleiben diese extremen Arten von Überforderung auf einzelne Berufsgruppen beschränkt. Im Normalbetrieb haben wir unerträgliche Arbeitsbelastung in ferne Länder ausgelagert und bei uns daheim an den Rand der Gesellschaft. Es gibt dafür sogar einen Fachausdruck, wie ich von der guten Frau Fröhlich gelernt habe.

Die *working poor*, das sind Menschen, die trotz der von ihnen geforderten und geleisteten Vollzeitarbeit in Armut leben müssen, wenn sie nicht bereit sind, noch über die Normarbeitszeit hinausgehende Anstrengungen für zusätzlichen Erwerb auf sich zu nehmen. In den Staaten der Europäischen Union sind das gegenwärtig unglaubliche zehn Prozent aller Werktätigen. Ohne Frage ist das ein öffentlicher Skandal, eine Schande, von der eine unglaublich große Minderheit betroffen ist, aber eben doch nur eine Minderheit. Es ist also nicht die Last der Arbeit, die eine schnell wachsende Zahl von Menschen dazu bewegt, sich so weit wie möglich aus der Erwerbsarbeit zurückzuziehen oder erst gar nicht mit ihr zu beginnen.

Was an der Arbeit in den sozusagen gemäßigten Zonen lebensfeindlich geworden ist, scheint mir nicht die Tätigkeit als solche zu sein, und auch die Anstrengung und der Freiheitsverzicht, der für den Erwerb des Lebensunterhalts geleistet werden muss, spielen da keine herausragend große Rolle. So viel glaube ich zu verstehen. Aber rätselhaft geblieben ist mir, was es ist, das immer mehr Menschen die Arbeit als lebensfeindlich empfinden lässt, so sehr, dass Leben und Arbeit als ein Gegensatzpaar verstanden werden, dessen widerstreitende Teile zueinander in die rechte Balance gebracht werden müssen. Wenn wahr ist, was Frau Halstarnigg ihrem Onkel an den Kopf geworfen hat, dann wäre die immer stärker spürbar werdende Tendenz zum Rückzug von der Erwerbsarbeit nichts weiter als eine Reaktion auf unklar registrierte gravierende Ungerechtigkeiten, eine Antwort auf die Gemeinheit und Lebensfeindlichkeit von Zielen, denen unsere Wirtschaftsweise dient, denen die Menschen aber nicht dienen wollen.

Die Einlassungen des jungen Kevin Lorre deuten auf so etwas hin und bei der wiederholten Lektüre des staunenswert unverblümten Vortrags von Herrn Holländer meinte ich die vielleicht instinktiv vollzogene Abkehr von der Erwerbsarbeit als eine nur allzu gut begründete Flucht deuten zu können. Wenig später haben mich dann aber wieder Zweifel an der Ernsthaftigkeit der monströsen Ausführungen dieses Ersten der Neuen Menschen gepackt. Selbst, wenn das alles tatsächlich vollkommen ernst gemeint gewesen sein sollte, bliebe die Frage, wie weit derartig erschreckende Ideen tatsächlich irgendeinen Einfluss auf das Wirtschaftsleben haben. Ist ein solcher Einfluss im realen Arbeitsleben irgendwie manifest oder zumindest subkutan wahrnehmbar? Die Weiterführung meiner Anamnesen hatte mich, ich musste mir das eingestehen, keinen Schritt näher an einen Punkt gebracht, an dem ich eine Diagnose hätte wagen mögen. Ich war nur immer tiefer in trübe und unruhig bewegte Gewässer geraten, aus denen herauszukommen ich nach und nach die Hoffnung aufgeben musste. Es bereitete mir mittlerweile fallweise sogar Mühe, mir meine ursprüngliche Frage nach dem zuträglichen und zumutbaren Maß der von jedem gesunden Menschen erwartbaren Arbeitsleistung ins Gedächtnis zu rufen, auf die ich mit Hilfe meiner Diagnose Antwort finden wollte. Bei der Suche nach dieser Antwort hatten sich immer neue Vorfragen ergeben, die geklärt sein wollten, bevor die eigentliche Aufgabe vielleicht gelöst werden konnte. Meine Klienten hatten mich auf Seitenpfade gelockt, und ich konnte immer weniger verstehen, was es mit der seit fünfzig Jahren unverändert gebliebenen Normarbeitszeit auf sich hatte, die weiterhin von jeder und von jedem getragen werden sollte, obwohl doch in diesemselben halben Jahrhundert die sagenhaftesten Maschinen für den Ersatz menschlicher Arbeitskraft erfunden und gebaut worden waren. Unerklärlich schienen mir auch die Gründe für das plötzlich epidemisch auftretende unerträgliche Leiden an der Fünf-Tage-Woche und der Vierzig-Stunden-Norm, die noch vor fünfzig Jahren als große Befreiung gefeiert und dann gut vier Jahrzehnte lang allgemein als guter Standard akzeptiert waren.

Es war wohl eine Art Kapitulation, als ich zum Telefon gegriffen und meinen alten Freund, den Doktor Mallinger angerufen habe. Er war überrascht, wir hatten einander damals seit Monaten nicht mehr gesehen und wahrscheinlich habe ich auch etwas verwirrt geklungen, als ich ihn gefragt habe, ob ich ihm ein Konvolut von Protokollen schicken dürfe, Aufzeichnungen von Therapiesitzungen zu seinem Thema, wie ich unterstellte, natürlich anonymisiert. Warum er das lesen solle, fragte er. Weil ich wissen wolle, was das alles bedeutet, aus ökonomischer Sicht, habe ich geantwortet, und dass ich einfach nicht mehr weiterwüsste. Er könne sich das vielleicht einmal ansehen und mir helfen, zwischen Fantastereien und Wirklichkeit zu unterscheiden. Der Doktor hat schließlich gesagt, ich solle ihm das alles einmal schicken, er werde sich das ansehen und mich anrufen, sobald er da einen Eindruck gewonnen hätte. Das war das letzte Mal, dass ich mit meinem Freund Franz Mallinger gesprochen habe. Gleich nach unserem Telefongespräch habe ich ihm die Protokolle geschickt, und als ich nach einer Woche noch keine Nachricht von ihm hatte, habe ich ihn angerufen. Das habe ich dann mehrmals getan, bin aber immer nur an den Anrufbeantworter gekommen. Meine Bitten um Rückruf sind ohne Reaktion geblieben. Nach drei Tagen ohne ein Lebenszeichen bin ich unruhig geworden und habe begonnen nachzudenken, wer etwas über seinen Verbleib wissen könnte. Erst da ist mir aufgefallen, wie wenig ich über die Verhältnisse und die Lebensumstände meines alten Freundes wusste. Bei unseren sehr unregelmäßigen Zusammenkünften war immer von vielerlei die Rede, aber kaum von Persönlichem. Über seine Familie, seine Freunde, seinen Umgang wusste ich so gut wie nichts. In meinen Adressbüchern habe ich schließlich vier Namen von gemeinsamen Bekannten gefunden, von denen ich hoffte, sie könnten mit dem Doktor in Verbindung stehen. Von den dreien, die noch am Leben waren, hatte ihn im vergangenen halben Jahr keiner gesehen oder auch nur am Telefon mit ihm gesprochen. Mallinger war, ich habe das schon früher gesagt, nach dem nun mehr als dreißig Jahre zurückliegenden frühen Tod seiner Frau, einsam geworden. Wie einsam er geworden war, davon hatte ich freilich keine wirkliche Vorstellung, wie ich nun mit Schrecken und in der weiteren Folge der Ereignisse mit Entsetzen erkannt habe. Gesehen habe ich das erst, als ich nach fünf Tagen schließlich auf der nächsten Wachstube in seiner Nachbarschaft angerufen und um Nachschau gebeten habe. Die Beamten haben sich schließlich Zugang zur Wohnung verschafft und haben mir dann mitgeteilt, was ich bei mir wohl ohnedies schon gewusst habe. Mein Freund, der Doktor Mallinger, war tot. Er war aber nicht einfach gestorben, er war, wie er selbst das in ähnlichen Fällen, von denen wir gemeinsam erfahren hatten, auszudrücken pflegte, dauerhaft verreist. Und er hatte seine Reise minutiös vorbereitet, sie nach antikem Vorbild als ein besonderes Fest des Abschieds inszeniert und mich auch nicht ohne Auskunft gelassen.

Ob ich ungeachtet der nicht eben großen Häufigkeit unserer Begegnungen zuletzt sein engster Freund gewesen war, vermag ich nicht zu sagen. Offenbar war ich aber zumindest die Person, die ihm als die vertrauenswürdigste erschien. Jedenfalls hatte der Doktor mich als seinen Testamentsvollstrecker eingesetzt. Sein nicht übermäßig großes, aber auch nicht gänzlich unbeträchtliches Vermögen hatte er einer Initiative vermacht, die auf die grundlegende Erneuerung der weltbeherrschenden Wirtschaftsordnung abzielt. Mir selbst aber hatte er, neben einigen persönlichen Gegenständen, auch ein Video hinterlassen. Es war die Aufzeichnung der letzten Stunde seines Lebens. Das außergewöhnliche Dokument erschien als ein allem Anschein nach mit ruhigem Gemüt, sehr bedächtig und mit einer ungewöhnlichen Art von Leichtigkeit vorgetragenes Privatissimum, das er mir als kleine Kompensation für meine Mühewaltung als sein Testamentsvollstrecker zugedacht habe, wie er sich ausdrückte. Darin sollte ich Wegweiser zu Ausgängen aus dem Dschungel finden, in den ich mich begeben und in dem ich mich verirrt hätte. Der Doktor Mallinger war, ich habe das erwähnt, Ökonom und zuvorderst Philosoph, doch auch, und noch viel mehr als ich das gedacht hätte, ein Mann des Theaters. Die Inszenierung seines Abschieds war berührend, aber vor allem, ich kann es nicht anders sagen, atemberaubend. An der Szenerie, die er für die Exposition gewählt hatte, war noch nichts Ungewöhnliches und auch nichts, das auf das Kommende in irgendeiner Weise vorbereitet hätte. Der Doktor saß in einem der breiten, altväterischen Fauteuils seines Wohnzimmers und erklärte sich über seinen bevorstehenden Tod. Vor einem halben Jahr habe er eine wenig erfreuliche Diagnose erhalten. Er wolle nicht sagen, dass er um sein Leben gekämpft habe. Warum hätte er das auch tun sollen. Er habe gelebt, und dass die Sache einmal auf die eine oder die andere Weise zu einem Ende kommen würde, sei etwas, das man wisse und jedenfalls keine Überraschung. Dennoch, er habe sich auch an strengen Maßstäben gemessen nichts vorzuwerfen, habe das gesamte Programm der durchaus nicht unanstrengenden Therapieversuche durchlaufen und das bis zu jenem Punkt, an dem nicht er, sondern sein behandelnder Arzt entschieden habe, dass es Zeit sei zu packen, weil nichts anderes mehr getan werden könne. Er schicke sich also an zu verreisen, dauerhaft, und er tue das so, wie wir es in unseren Tagen auf dem humanistischen Gymnasium gelernt hätten. Am Ende des Gastmahls verlässt man Tafel und Haus nicht in Traurigkeit, sondern gesättigt und zufrieden, erfüllt von dem Erlebten, bereit für das Neue, das uns abverlangt werden soll. Was ihm jetzt abverlangt werde, das sei ja nur allzu klar, und wenn er sich dabei die letzten Meter spare, könne er daran nichts Verwerfliches finden. Er wolle nur einfach den letzten Akt des Stückes nicht sehen. Das Bühnenpersonal auf den Palliativstationen sei ohne jeden Zweifel hervorragend besetzt, aber das Buch sei schlecht und Ausstattung, Szene und Kostüme regelmäßig das nackte Grauen, und kurz und gut, er ziehe es vor zu verzichten. I would prefer not to. An dieser Stelle nahm der Doktor das Glas zur Hand, das auf einem kleinen Tischchen an seiner rechten Seite stand, er leerte es und griff zu der Flasche, die ich erst jetzt bemerkte und sofort an ihrer charakteristischen Form erkannte. Laphroaig, des Doktors bevorzugter Whisky, torfig und rauchschwanger, und dass es der kraftvolle sechzehnjährige mit seinen beinahe sechzig Volumsprozent war, den er für diesen Anlass gewählt hatte, daran hatte ich keinen Zweifel. Franz Mallinger trank mit sichtbarem Genuss, stellte das Glas ab, griff zur Flasche, die er offenbar nicht wieder verschlossen hatte, und goss sich wieder ein, ruhig und großzügig, bevor er sich abermals der Kamera, zuwandte, das heißt mir, und zum zweiten Teil seiner Rede, zu dem mir eigentlich zugedachten kleinen Privatseminar ansetzte.

Er werde die Forderung, die das Leben nun an ihn stelle, wie gesagt ohne unnötige weitere Verzögerung erfüllen, fuhr der Doktor fort, Betonung auf *ohne unnötige*. Was er aber jetzt zu sagen habe erschiene ihm jedoch durchaus nötig, wenigstens meine er, mir das noch zu schulden, verrannt wie ich mich hätte, mit meinem immer starrer auf die Arbeit, das Arbeitspensum, die Arbeitslast fixierten Blick, der mich blind mache für das Offensichtliche. Er werde also meine Geduld und Aufmerksamkeit noch auf eine Zeit beanspruchen müssen, bevor er sich die Freiheit nehmen werde, sich modo antico zu beurlauben. Ich glaube, es war an dieser Stelle seiner Rede, an der mir mit einem Male vollkommen klar wurde, was der Doktor im Schilde führte. Es war Senecas Tod, den er als Vorlage für seinen eigenen Abschied gewählt hatte. Ich habe die Stelle in den Annalen des Publius Cornelius Tacitus nachgeschlagen: *»Seine Redegabe verließ ihn nicht bis zuletzt. Er ließ Schreiber rufen und diktierte ihnen sehr vieles.«* Seine Redegabe hat auch meinen Freund Franz Mallinger bis zuletzt nicht verlassen. Schreiber benötigte er nicht, er hatte seine Kamera, und auf der Aufnahme ist er zu sehen wie er vollkommen frei spricht, eine ganze Stunde lang, jeder Satz druckreif, leise, aber mit klarer Stimme und deutlich, ungeachtet des nun in kürzeren Abständen von ihm gefüllten und wieder geleerten Whiskyglases, aus dem er sich mit wachsendem Vergnügen zu laben schien. Das geistige Getränk belebte den Doktor sichtbar, er schien inspiriert, ohne dass sich die kognitiven Beschränkungen bemerkbar machten, die der klare Abusus, dessen Zeuge ich nun wurde, üblicherweise herbeizuführen pflegt. Endlich schien er zum abschließenden Teil seines Vortrags gelangt, als er sich erhob, etwas unsicher, ohne dass auszumachen gewesen wäre, ob das leichte Schwanken seines ersten Schrittes einer beginnenden Trunkenheit oder der allgemeinen Kraftlosigkeit seines von der Krankheit geschwächten Leibes geschuldet war. Was jetzt kommen musste, das wusste ich. Den Gifttrank, den Seneca sich von seinem Freund, dem Arzt Statius Annaeus hatte reichen lassen, war von ihm bereits in durchaus ausreichendem Maß eingenommen. *Dosis facit venenum.* Auch das Weitere erledigte er alleine. Er ergriff zunächst Flasche und Glas und begab sich ruhigen und wieder durchaus festen Schrittes in das Badezimmer. In der großzügig dimensionierten Wanne dampfte das mit sanftem Plätschern einfließende Wasser, das mit einer dichten Schicht sanft grünlichen Schaums bedeckt war, unter dessen Decke sich der Doktor nun vorsichtig gleiten ließ, nachdem er zunächst Flasche und Glas am Rand der Wanne abgestellt und sich ohne Hast entkleidet hatte. Sein nackter, von der Krankheit und den Anstrengungen der vergeblich gebliebenen Therapie ausgezehrter Leib, wie er nun sichtbar wurde, war von einer merkwürdigen und anrührenden Schönheit. Mit einer Art von ruhigem Behagen griff mein Freund noch einmal zur Flasche, aus der er nun den letzten Rest in sein Glas leerte. Dann begann er mit der Coda seiner an mich gerichteten Rede. An das Ende gelangt, war er sichtlich stark ermüdet. Seine rechte Hand erschien jetzt langsam an dem breiten, gekachelten Beckenrand und verschwand wieder unter dem Schaum, der sich allmählich rot zu färben begann. Seine Lider waren geschlossen, aber auf den Lippen war ein schwaches Lächeln zu sehen, als mein Freund Franz noch einmal die Augen öffnete. Seine rechte Hand erschien jetzt über dem Wasser. Er hat sie zum Gruß gehoben und mir Abschiedsworte zugerufen, an die ich mich aus unseren gemeinsamen Schultagen erinnerte. Es waren die Worte, die Catull seinem toten Bruder ins Grab nachgerufen hatte: In perpetuum, frater, ave atque vale.

Der Abschied des Doktor Mallinger

Wie sich der Doktor noch einmal alles von der Seele redet, was er nicht mit hinüber nehmen möchte.

Wie mein Freund, der Doktor Mallinger, auf den Gedanken gekommen ist, seinen Fortgang aus der Welt in so eigentümlicher Weise zu gestalten, und warum er die letzte Stunde seines Lebens in Wort und Bild festgehalten hat, das weiß ich nicht. Wahrscheinlich muss die vom Doktor gewählte Inszenierung jedem bizarr erscheinen, der von ihr nur aus meiner kurzen Beschreibung weiß, die Aufzeichnung dieses außergewöhnlichen Abschieds aber nicht selbst gesehen hat. Es mag in Hinblick auf den eigentlichen Gegenstand meiner Fragestellung über den Sinn und den Unsinn unserer Art zu arbeiten ohne Bedeutung sein, aber es ist mir wichtig, an dieser Stelle zu sagen, dass da nichts Gewolltes, nichts Konstruiertes oder Verschrobenes zu sehen ist. Der Doktor erscheint in seinem ganzen Gehabe von einer großen inneren Ruhe erfüllt, ohne Traurigkeit, beinahe fröhlich. Alles verläuft vollkommen unspektakulär. Das Gefühl einer gewissen Feierlichkeit stellt sich nur durch das Wissen um das Ende des kleinen Vortrags ein. Der Doktor selbst spricht frei von Pathos, ohne besonderen Nachdruck, fast so, als sage er nichts als das ohnedies Selbstverständliche. An mehreren Stellen ist ihm ein deutliches Amüsement anzumerken über die Verrücktheit der Welt, die zu verlassen er sich anschickt.

Aus der Sicht der Behörden und des Gerichts handelte es sich bei der Szenerie, die sich den Polizeibeamten nach der Eröffnung von Mallingers Wohnung darbot, um einen sogenannten verdächtigen Todesfall. Deshalb wurden eine Obduktion sowie die Sichtung und die Auswertung der vorgefundenen Videoaufzeichnung angeordnet. Es dauerte sechs Monate bis feststand, dass es keinen Hinweis auf ein Fremdverschulden am Tod des Doktors gab, und beinahe noch einmal so viel Zeit verstrich, bis der Prozess meiner Bestätigung als Testamentsvollstrecker abgeschlossen war. Zusammen mit den Schlüsseln zu der versiegelten Wohnung wurde mir ein Kuvert ausgehändigt. Es enthielt das ominöse Video und eine freundliche Warnung der Polizeibehörde, mit der ich schonend auf das verstörende Ende der Aufzeichnung hingewiesen wurde. Ich habe einige Wochen gebraucht, bis ich den Mut für das Wiedersehen mit meinem ein Jahr zuvor verstorbenem Freund aufgebracht habe. Die Aufnahme seiner Abschiedsrede habe ich zunächst nur für mich selbst transkribiert. Aber nachdem ich sie wieder und wieder gelesen habe, bin ich zu der Überzeugung gekommen, dass der Doktor seine letzte Vorlesung nicht nur mir hat halten wollen. Sie scheint mir an einen unbestimmten Kreis von Denkenden und Fühlenden gerichtet, ganz so wie alles, das Seneca in seiner Todesstunde den Schreibern ja auch nicht diktiert hat, damit es möglichst schnell vergessen und vernichtet werde. Wahrscheinlich hat der Doktor das Staffelholz weiterreichen wollen, das er, wie ich jetzt zu sehen meine, getragen hat, seit er als junger Mann vom Denken des John Maynard Keynes entflammt worden war. Obwohl er nichts dergleichen in seinem Testament verfügt hat, setze ich hierher also jenen Teil des letzten Vortrags des Doktor Mallinger, der sich auf die Frage bezieht, die ihn, wie es scheint, sein ganzes Leben lang, und mich in den letzten zwei Jahrzehnten meiner Berufslaufbahn beschäftigt hat: Warum mag es allen Errungenschaften von Wissenschaft und Technik zum Trotz nicht und nicht gelingen, die arbeitenden Menschen von einem guten Teil der von ihnen zu tragenden Arbeitslast zu befreien? Warum scheint diese Last eher schwerer zu werden oder doch jedenfalls drückender, und warum scheinen die vielen Mittel, die im vergangenen halben Jahrhundert zu ihrer Erleichterung erfunden worden sind, so gar keine Wirkung zu haben? Nach dem letzten Vortrag, den mir der Doktor vor seiner Abreise gehalten hat, meine ich die Gründe für das Ausbleiben dieses Fortschritts jetzt klarer zu sehen. Was aber geschehen muss, um die Hindernisse zu beseitigen, die sich einer solchen Befreiung entgegenstellen, bleibt mir auch weiterhin ein Rätsel. Ob das Privatissimum, das mir der Doktor als sein Geschenk zum Abschied hinterlassen hat, Antworten auf diese Frage wenigstens andeutet, mag jeder für sich selbst beurteilen. Es ist wohl am besten, wenn ich ihn jetzt einfach selbst sprechen lasse. Weggelassen habe ich lediglich den Beginn seiner Ansprache, eine ruhige und bündige Erklärung über seine bevorstehende Abreise. Seine Betrachtungen über das Recht jedes Menschen, sich sein eigenes Leben zu nehmen, sind von großer Eleganz, tun hier aber nichts zur Sache. Die Mitteilung seiner Rede lasse ich deshalb an jener Stelle einsetzen, an der er sich mit besonderer Sorgfalt einen weiteren großen Whisky in sein Glas gegossen, einen großen Schluck des funkelnden Getränks genommen und sich mit den folgenden Worten an mich gewandt hatte:

Und nun zu dir, mein Lieber. Du hast dich ja ordentlich verrannt in dem Dschungel, den du dir von deinen Klienten hast pflanzen lassen. Es ist kein Wunder, dass du in diesem Dickicht vor lauter Wald die Bäume nicht siehst. Deine Fragen kannst du dir aber in Wahrheit selbst beantworten, weil soundso alles in den Protokollen steht, die du mir geschickt hast. Du musst das nur ein wenig ordnen und unbefangen lesen. Dann wirst du auch sehen, dass du als Therapeut vollkommen unzuständig bist, weil die Leiden deiner Klienten reale Ursachen haben, an denen du nichts ändern kannst. Was willst du heilen an einer gesunden Abwehrreaktion gegen ungesunde Verhältnisse? Wir leben nun einmal in einer Arbeitsgesellschaft, und die bringt vor allen Dingen eines hervor, nämlich Arbeit. Über die Qualität oder gar über den Sinn der ganzen Veranstaltung macht sich da niemand große Gedanken. Die Frage, die dich beschäftigt, wie viel Arbeit für den Menschen und für den Planeten zuträglich ist, gilt in einer solchen Gesellschaft nicht nur als obsolet, sondern sogar als brandgefährlich. Es interessiert auch niemanden, woher die scheinbar ganz plötzlich, ohne greifbaren

Grund und wie aus dem Nichts entstandene Ablehnung der Fünf-Tage-Woche und der Vierzig-Stunden-Norm kommt. Die Arbeitsgesellschaft ist nur daran interessiert, auf welche Weise eine solche Tendenz so schnell und so wirksam wie möglich unterdrückt werden kann. Das probate Mittel dazu ist wie immer die Verbreitung von Angst und Schrecken. Die alte Norm ist zwar längst evident sinnlos, ja schädlich geworden. Wer sich ihr aber nicht weiterhin bedingungslos unterwerfen will, wird mit Ausgrenzung und Armut bedroht. Der bevorstehende Zusammenbruch des Sozialsystems wird heraufbeschworen und das alte Kinderschreckmärchen vom Ausgehen der Lichter erzählt, wenn sich nicht alle, aber auch wirklich alle, die irgend mobilisierbar sind, unter das Joch der Leistungsforderungen und in die Botmäßigkeit jener Wirtschaftsordnung zwingen lassen wollen, die aus der sehr begrenzten Froschperspektive der gängigen Schulbuchweisheiten betrachtet die einzig überhaupt denkmögliche ist.

Aber schön der Reihe nach und eines vorweg, das ich Dir ja immer wieder einmal gesagt habe: Keynes hat recht gehabt, daran gibt es gar keinen Zweifel. Mit dem Wissen und mit den technischen Mitteln, die uns heute zur Verfügung stehen, könnte die gesamte Weltbevölkerung sehr auskömmlich und sogar luxuriös versorgt werden, und zwar mit einem viel geringeren Aufwand an Mühe und Arbeit, als er tatsächlich getrieben wird. Ob das jetzt tatsächlich nur fünfzehn Wochenstunden als Norm sein können, oder ob es doch eher zwanzig sein sollten, macht wenig Unterschied. Sicher ist, dass viel zu viel gearbeitet wird, wesentlich mehr, als es den Menschen guttut, und entschieden mehr als der Planet vertragen kann. Es ist auch ganz klar, warum das entgegen aller Vernunft so ist und bis auf weiteres auch so bleiben wird. Bevor ich dir das erkläre, sage ich dir aber noch ein Wort zu dem angeblichen Mangel an Arbeitskräften, von dem jetzt so viel die Rede ist. Wenn ich mich recht erinnere, war es deine herzensgute Frau Fröhlich, die mit ihrer Vermutung ganz richtig liegt: Es gibt keinen Mangel an Arbeitskraft. Es gibt nur eine Misswirtschaft, die das kostbare Gut rücksichtslos, ohne jedes Maß und vor allem ohne jedes vernünftige Ziel verschwendet. Deshalb und nur deshalb fehlt sie dort, wo sie tatsächlich gebraucht wird. Das wird auch ständig schlimmer werden, solange die Arbeit nach der Pfeife eines Marktes tanzt, der sie immer nur dorthin zieht, wo Geld und immer noch mehr Geld zu machen ist. Dort ist sie nämlich nicht gut eingesetzt, weil es vernünftigere und vor allen Dingen dringlichere Ziele gibt als jene, für welche es diejenigen ausgeben wollen, die am meisten davon haben. Sinnvoll eingesetzt ist die tatsächlich verfügbare Menge an Arbeitskraft vollkommen ausreichend. Sie muss nur in die richtigen Kanäle gelenkt und wirtschaftlich genutzt werden. Wirtschaftlich, das bedeutet schonend und haushaltend, also das genaue Gegenteil des verrückten Treibens, das heute unter der gestohlenen Flagge der Wirtschaft segelt und kein anderes Ziel als den größtmöglichen Gewinn kennt. Der Maßstab für eine tatsächlich wirtschaftliche Nutzung von Arbeit oder jeder beliebigen anderen Ressource auch ist nämlich nicht der Profit, der sich für einige wenige aus ihr schlagen lässt, sondern die Bilanz des sozialen und des ökologischen Vorteils, den ihre geplante Verwendung für alle verspricht. Wenn die Bilanz über die Nutzung von Arbeit schwach oder sogar negativ ausfällt, dann muss sie von dort weggesteuert werden, wo sie vorhersehbarerweise mehr Schaden anrichtet als Nutzen stiftet wird. Rein technisch ist das mit den Mitteln des Steuerrechts und der Abgabenordnungen unserer hoch entwickelten Staatswesen ohne weiteres machbar. Zur Zeit könnten diese starken Hebel aber gar nicht sinnvoll eingesetzt werden, selbst dann nicht, wenn unsere Regierungen den Mut für die notwendige Reform unserer Wirtschaftsordnung finden sollten. Meine famose Wissenschaft, die politische Ökonomie, hat es nämlich versäumt, Instrumente für die zuverlässige Messung der sozialen und ökologischen Auswirkungen des Einsatzes von Arbeit oder anderen Ressourcen zu entwickeln. Das sieht deine sensible Frau Denk ganz richtig. Gemessen wird nie bei der Produktion, also an der Quelle der gegenwärtig leider sehr unverträglichen sozialen und ökologischen Effekte unserer Wirtschaftsweise, sondern immer nur beim Konsumenten, dem auf diese Weise die gesamte Verantwortung für ihre Folgen aufgebürdet werden soll. Die sogenannte Wirtschaft, wie die Frau Halstarnigg das verzweifelte Interessenskartell auf der Kommandobrücke des ohne Kapitän und ohne Ziel dahinschlingernden Luxusdampfers zu Recht nennt, ist damit immer fein heraus. Sie erfüllt lediglich die Forderungen des Marktes, ganz demokratisch, nach dem Motto: Jede Rechnung ein Stimmzettel. Das ist natürlich eine verlogene Behauptung, mit der gesagt werden soll, dass jeder, der billiges Fleisch kauft, der Tierquälerei zugestimmt hat. Das soll auch bedeuten, dass, wer ein Mobiltelefon besitzt, mit der Kinderarbeit in den Coltangruben einverstanden ist, und dass jedes bei einer Textilkette um wenig Geld gekaufte Kleidungsstück eine Stimme für Sklavenarbeit ist. Damit wird jedem Kauf ein Erklärungswert unterstellt, den er nicht hat. Aber ich schweife ab. Also, noch einmal, es gibt keinen Mangel an Arbeitskraft. Womit wir es zu tun haben, ist der verschwenderische und sinnwidrige Einsatz des wertvollen Guts. Die kostbarste Ressource, die menschliche Arbeit, die für die Bildung unserer Jugend und für die Pflege unserer Kranken und Alten fehlt, wird vergeudet zur Herstellung von Milliarden Tonnen von Dingen, die entweder gar nicht oder nur sehr wenig genutzt werden, bevor der ganze Überfluss auf gigantischen, giftigen Deponien und in den Weltmeeren landet. Nicht zu vergessen natürlich die Arbeit für die Erhaltung und den Ausbau einer Infrastruktur für Mobilitätsformen des 20. Jahrhunderts oder für die Versiegelung von immer mehr Boden für die Verwirklichung von Bauvorhaben, die ihr Maß an den Bedürfnissen einer vergangenen Epoche nehmen, die aber den Erfordernissen unserer Gegenwart nicht genügen, und schon gar nicht denen der Zukunft.

Nichts davon ist vernünftig, es wird aber weiter so bleiben, und ich hatte dir eine Erklärung dafür versprochen, warum das so ist. Vielleicht hast du den Namen Marie Jahoda schon einmal gehört. Sie ist berühmt geworden mit der im Jahr 1933 erschienenen Studie über die Arbeitslosen von Marienthal. Die Studie erzählt eigentlich nicht von den Schrecken der Erwerbslosigkeit, wie immer behauptet wird, sondern viel mehr von den Schrecken der bittersten Armut, die sie vollkommen unnotwendiger Weise nach sich zieht. Ich wiederhole, vollkommen unnotwendiger Weise, wie das ja auch der gute alte Adam Smith schon vor 250 Jahren in der Einleitung zu seinem legendären »Wohlstand der Nationen« gezeigt hat. In zivilisierten Gemeinwesen, sagt Smith, können alle reichlich versorgt werden, obwohl ein großer Teil der Bevölkerung überhaupt nicht arbeitet, und viele davon den Ertrag von zehn-, und häufig sogar hundert Mal mehr Arbeit verbrauchen als die meisten Werktätigen. Betonung auf zivilisierte Gemeinwesen, also solche, die eine reichliche Versorgung aller Menschen der sinnlosen Anhäufung von Vermögen durch wenige vorziehen. In den unzivilisierten Gemeinwesen, die wir uns nach der Verbannung der Kultur in die geschlossenen Anstalten von Theatern und Museen eingerichtet haben, gibt es hingegen jede Menge Armut inmitten des obszönsten Überflusses der gesamten Menschheitsgeschichte. Warum das so ist, darüber hat auch Marie Jahoda geschrieben, in einem weniger bekannten Buch, das fünfzig Jahre nach der Marienthal-Studie mit dem Titel »Wie viel Arbeit braucht der Mensch?« erschienen ist. Das ist ein schmaler Band, in dem sich der bemerkenswerte Satz findet: »Die *raison d'être* der Arbeit ist die Schaffung von Gütern und Dienstleistungen unter dem Hauptaspekt des Profits.« Dieser Satz gilt heute, vierzig Jahre später, nicht mehr. Ich habe lachen müssen, als ich in deinen Protokollen den wahrscheinlich unbeabsichtigten Offenbarungseid des Professor Felbermayr gelesen habe. Er zeigt einfach, dass wir am Endpunkt der Entwicklung angelangt sind, die in der Feststellung der Frau Professor Jahoda aus dem Jahr 1983 angedeutet ist. Heute muss es wohl gerade umgekehrt heißen:»Die *raison d'être* der Arbeit ist die Schaffung von Profit mit dem Mittel der Produktion von Gütern und Dienstleistungen.« Und solange dieser Satz gilt, wird keine Erfindung je zur Entlastung der am schwersten arbeitenden Menschen, sondern auch weiterhin nur zur Steigerung jener Gewinne genutzt werden, deren Hortung immer mehr Arbeit erzwingt. So lange nämlich der Zweck der Arbeit die Bereitstellung von Gütern und Dienstleistungen für eine maßvoll luxuriöse Befriedigung von Bedürfnissen ist, endet die Arbeit, sobald dieses Ziel erreicht ist. Wenn aber der mögliche Gewinn ihr Existenzgrund ist, dann endet die Arbeit erst dann, wenn der letzte noch denkmögliche Profit gemacht ist, also nie. Sie wird im Gegenteil immer mehr, und eben ganz besonders dann, wenn ihr Ertrag in unbegrenzter Menge als Eigentum angehäuft werden darf. Unter den Bedingungen der jetzt schon ungesund lange weltbeherrschenden Wirtschaftsordnung ist das Eigentum nämlich ein seelenloses und steriles, aber deswegen doch keineswegs ruhendes Erzeugnis des menschlichen Erfindungsgeistes. Wie die Viren hat es zwar kein eigenes Leben, ist aber dennoch ganz versessen darauf, sich zu vermehren, und weil es das aus Eigenem nicht kann, nützt es den Menschen, den es als Arbeitskraft zu seiner Wirtszelle macht.

Ein schon jetzt nicht geringer und immer noch weiter wachsender Teil der heute weltweit geleisteten Arbeit dient deshalb ausschließlich dazu, die Ansprüche des grenzenlos angehäuften Privateigentums zu bedienen. Das Wachstum von Eigentum in den Händen einiger weniger erfordert ständig mehr Arbeitsleistung der vielen, denn von alleine wächst das tote Eigentum nun einmal nicht. Es ist das Eigentum in seiner pervertierten Gestalt – die dieses Recht zum Schaden der überwältigenden Mehrheit aller heute lebenden Menschen angenommen hat –, das uns nicht zur Ruhe kommen lässt und das in seiner radikalisierten Form mehr Kummer, Leid und Zerstörung anrichtet, als alle Braunhosen,

Schwarzhemden und Islamisten zusammen das mit ihren Bomben und Panzern jemals schaffen werden. Die Vergötzung des Eigentumsrechts hat die Qualität eines religiösen Wahns angenommen, der es unmöglich macht, den Moloch auf ein einigermaßen erträgliches Maß zurückzustutzen. Wenn eine politische Gruppierung annähernd so extremistisch wäre, wie das von unseren Rechtsordnungen geschützte schrankenlose Eigentum, wäre sie nicht nur ein Fall für den Verfassungsschutz, sondern schon längst verboten. Nicht die Forderung, diesem privaten Recht Grenzen zu setzen, wie jedem anderen Recht auch, ist extremistisch. Extremistisch ist es, Milliardenvermögen und die Kontrolle von systemrelevanten Institutionen in die Hand einzelner Privatpersonen zu legen. Ein manifest systemrelevantes Unternehmen muss ohne jede Frage und ohne Zögern ins öffentliche Eigentum überführt werden, weil die Entscheidung über unsere demokratischen, liberalen und rechtsstaatlichen Systeme nicht dem Belieben von Einzelnen überlassen sein kann. Jetzt ist sie das aber, und mit ihr auch die Entscheidung über das Maß der Arbeit, das jedem für die Befriedigung seiner Grundbedürfnisse abverlangt werden kann. Kein technischer Fortschritt wird jemals für die überfällige Korrektur der Normarbeitszeit eingesetzt werden, solange er nach den geltenden Regeln genauso gut zur weiteren Anhäufung von privatem Eigentum genutzt werden kann. Wenn wir dem Eigentumsrecht keine Grenze setzen, dann wird die Grenze der Nutzung der menschlichen Arbeitskraft dieselbe bleiben, die unsere Wirtschaftsordnung auch für die Nutzung jeder anderen Ressource vorsieht, nämlich die ihrer vollkommenen Erschöpfung.

Eigentum ist ein Menschenrecht und soll auch eines bleiben, gewiss, das ist keine Frage. Es gibt aber auch ein Menschenrecht auf Leben. Diese beiden Rechte können miteinander in Konkurrenz treten. Das tun sie auch ständig. Jeder kann das sehen, wenn er sich zum Beispiel bewusst macht, wie sehr die Lebenserwartung eines Menschen von seinem Einkommen und von seinem Vermögen abhängt. Wenn es aber eine solche Konkurrenz zwischen dem Recht auf Eigentum und dem Recht auf Leben gibt, dann muss überall dort, wo das der Fall ist, eine Güterabwägung stattfinden und eine Entscheidung darüber getroffen werden, welchem der beiden Menschenrechte der Vorrang eingeräumt werden soll. Diese Entscheidung haben wir getroffen, und sie ist zugunsten des Rechts auf Eigentum ausgefallen.

Und genau diese Entscheidung werden wir revidieren müssen, wenn wir wollen, dass das Maß der uns abverlangten Arbeit die durchaus begrenzten menschlichen Bedürfnisse sind, und nicht die unmenschlichen und vollkommen unbegrenzten eines auf schrankenlose Vermehrung gerichteten radikalisierten Eigentumsrechts. Die Söhne des Herrn Worak werden sich übrigens gerade wegen der extremistischen Ausformung des Eigentumsrechts nie eine vernünftige Wohnung leisten können. Ihr fleißiger Vater irrt, wenn er glaubt, dass sie das Problem durch vermehrte Arbeitsanstrengung werden lösen können. Durch Arbeit wird in unserem Wirtschaftssystem niemand reich, zumindest nicht durch die eigene. Unter dem Diktat von Wettbewerb und Profit erzeugt Arbeit nur immer mehr Arbeit, und immer gibt es neue und unabweisliche Gründe für ihre Notwendigkeit. Jetzt zum Beispiel müssen gerade mit viel Arbeit jene Schäden repariert werden, die durch das vorangegangene Zuviel an Arbeit verursacht worden sind. Das Übel soll nicht an der Wurzel gepackt werden, indem einfach alle einmal ein bisschen Ruhe geben und dem überhitzten Motor etwas Abkühlung gönnen. Das Triebwerk muss weiter auf vollen Touren laufen, die Überschussproduktion neue, ungeahnte Höhen erreichen, nichts soll sich ändern, alles soll gleich bleiben, nur der Motor soll von anderen Energiequellen getrieben werden, auf die jetzt mit enormem Aufwand umgerüstet werden muss. Grundsätzlich sind darüber auch alle sehr glücklich, weil der durch unsere letale Arbeitswut verursachte Reparaturbedarf ganz neue Erwerbsfelder eröffnen und auf diese Art so viele neue Arbeitsplätze schaffen wird, dass wir mit der Ausbildung der für ihre Besetzung notwendigen

Arbeitskräfte gar nicht nachkommen. Da hat der Herr Wirtschafts-
kapitän Macher vollkommen recht, wenn er sagt, dass seine Industrie Kraftfahrzeuge nur als Nebenprodukte herstellt, und ihr
Haupterzeugnis Arbeit ist. Es ist dieses Hauptprodukt, die Arbeit
und die damit verbundenen Arbeitsplätze, um derentwillen diese
und ähnliche Industrien von den Regierungen so servil hofiert und
mit so großem Nachdruck gefördert werden, auch dann, wenn ihre
Praktiken nachweislich schwer kriminell sind.

Das ist ja auch ganz logisch. Wer kein unbedingtes Grundeinkommen gewähren will, sondern stattdessen die Ermöglichung
des bloßen Überlebens mit einem Dach über dem Kopf an die Bedingung von Arbeitsleistung knüpfen möchte, der muss auch für
immer mehr Arbeit sorgen. Deshalb ist ja auch die Angst vor dem
Verlust von Arbeitsplätzen die treibende Kraft der Wirtschaftspolitik. Dass früher einmal, vor hundert Jahren, als Keynes seinen
Aufsatz geschrieben hat, die möglichst weitgehende Entlastung der
Menschen von der Arbeit das höchste, aber aus technischen Gründen unerreichbar scheinende Ziel war, haben jetzt, wo es erreichbar
geworden ist, alle vergessen. Das Verlangen nach immer mehr
Arbeit ist zu einer Epidemie geworden, ihr drohendes Verschwinden zum fürchterlichsten aller überhaupt vorstellbaren Schreckens-
szenarien, obwohl ein guter Teil davon zur luxuriösen Versorgung
gar nicht mehr notwendig ist. Statt über die Nutzung der neuen
Möglichkeiten zur Entlastung der Menschen von der Arbeit und
des Planeten von seiner Überbeanspruchung überhaupt auch nur
nachzudenken, wird ausschließlich darüber gesprochen, wie möglichst viel Arbeit geschaffen werden kann, ohne dass irgendjemandem das Paradoxe einer derartigen Bemühung aufzufallen scheint.
Mich wundert das ja nicht, oder zumindest nicht mehr als deine
Frage, ob die monströsen Ansichten des Herrn Holländer denn
wirklich Einfluss auf das reale Wirtschaftsleben haben. Wenn du
die Fantasien über seine Unsterblichkeit als Neuer Mensch einmal
abziehst, wirst du finden, dass er die Wirklichkeit, in der wir leben,

recht genau beschreibt, und dass unsere Wirtschaftsordnung seinen Wünschen ziemlich lückenlos Rechnung trägt. Diese Ordnung, wenn man das Konstrukt denn so nennen will, kennt nur ein einziges Ziel, nämlich die Mehrung von Eigentum und Macht. Das ist ein sehr enger Rahmen, der sie unfähig macht, auf tatsächliche Herausforderungen rational zu reagieren, zum Beispiel auf die Verdoppelung der Weltbevölkerung in den vergangenen fünfzig Jahren. Acht Milliarden Menschen zu ernähren und mit Wohnraum zu versorgen ist freilich auch keine Aufgabe, die unsere Wirtschaftsverbände für die ihrige halten. Das würden ihre Funktionäre so deutlich nicht sagen, aber alle ihre Forderungen laufen auf das hinaus, was dein Herr Holländer ganz unverblümt von sich gibt. Die Bedienung der grenzenlosen Wünsche des zahlungskräftigen Publikums sieht diese Art von Wirtschaft als ihre einzige Aufgabe. Zu ihrer Erledigung bedient sie sich der jeweils höchsten erreichbaren Menge jedes erforderlichen Mittels, also auch der Arbeitskraft, die in den Lehrbüchern meiner Kollegen sehr zutreffend als Humankapital bezeichnet wird. Jede Verkürzung der Normarbeitszeit ist aus dieser Perspektive betrachtet nichts anderes als der sinnlose und gegenüber den Investoren nicht verantwortbare Verzicht auf die Nutzung einer verfügbaren Ressource. Soziale, ökologische und menschenrechtliche Ziele hat die ganze Veranstaltung nicht, die sind nämlich in die ausschließliche Zuständigkeit der Politik verwiesen, so als hätte der mächtige ökonomische Apparat mit ihnen nicht das Geringste zu tun. Die Politik kann dieser Verantwortung aber gar nicht gerecht werden, weil sie ihren Handlungsspielraum zu sehr weiten Teilen an eben diesen ökonomischen Apparat abgegeben hat, dem es gelungen ist, sein asoziales Regelwerk als naturgesetzlich und als im Wesen des Menschen begründet zur obersten Norm zu erheben. Das ist es nun aber gerade nicht, und deshalb versuchen immer mehr Menschen, sich seiner Herrschaft und seinen Forderungen zu entziehen. Deine Vermutung ist ganz richtig, niemand leidet an der Arbeit, aber jeder leidet an ihrem Missbrauch und an der Sinnlosigkeit des Zuviel, das von Wettbewerb und Gewinnstreben diktiert wird und das keinem vernünftigen Bedürfnis dient. Den Rückzug der jungen Leute aus dem Erwerbsleben sehe ich als sehr ermutigendes Zeichen des Widerstandes, der sich gegen dieses Diktat formiert. Wie wenig das mit Arbeitsscheu zu tun hat, kannst du übrigens an der Spontaneität und der Unermüdlichkeit des freiwilligen Einsatzes sehen, der ohne jede Frage immer dort geleistet wird, wo tatsächliche Bedürfnisse sind. Die Freiwilligen Feuerwehren haben nicht über Personalmangel zu klagen und bei Katastrophenfällen stehen die Menschen Tag und Nacht ebenso klaglos im Einsatz, wie in unzähligen Initiativen zur Linderung fremder Not. Da kündigt sich die Erneuerung jener Lebenskultur an, die wir brauchen, wenn wir unsere technischen Möglichkeiten sinnvoll nützen wollen.

Ich werde jetzt langsam müde und Du wirst mich entschuldigen müssen, wenn ich allmählich zum Ende komme. Vielleicht das eine noch: Wenn die technischen Errungenschaften des letzten halben Jahrhunderts in Zukunft für mehr Freiheit, weniger Druck und größeren Wohlstand für alle genutzt werden sollen, müssen dafür die maßlosen Begehrlichkeiten der wenigen den tatsächlichen Bedürfnissen der vielen untergeordnet werden. Dafür gibt es gangbare Wege und längst auch praktikable Modelle. Wenn du darüber etwas wissen willst, darfst du freilich nicht meine lieben Kollegen von der Fakultät fragen. Unsere Universitäten sind schwerfällige und strukturkonservative Riesentanker geworden. Dort werden die wesentlichen Lehrstühle blockiert von Musterschülern, die brav die falsifizierten Glaubenssätze ihrer Lehrer nachbeten. Das sind wissenschaftliche Fossile, die ihre Aufgabe in der Erhebung von Tatsachen sehen, auf die sie ihre meist falschen Prophezeiungen für die Zukunft gründen. Auf ihre Datenhuberei sind sie ganz stolz, auch wenn sie immer nur dorthin führt, wo wir schon sind. Wenn es um die aktive Gestaltung der Zukunft geht, erklären sie sich für unzuständig. Das sind bescheidene Geister, die sich mit der Analyse der aktuellen Gegebenheiten begnügen und sehr gerne erläutern, warum unter den Bedingungen der von ihresgleichen geschaffenen Regeln eine Reduktion der gängigen Arbeitszeit verheerende Folgen hätte. Das Kerlchen mit dem gelben Schal, das in der Klasse von deiner Frau Denk zu Besuch war, ist so einer. Ich kenne den Kollegen. Am Höhepunkt der Pandemie hat er darüber schwadroniert, dass der Markt geliefert und die Staaten versagt hätten. Damals sind die Menschen überall dort, wo Gesundheit und das nackte Überleben dem Markt überlassen sind, gestorben wie die Fliegen. Das beeindruckt Kerle wie diesen Herrn Altbauer aber nicht, weil ihn das Gemeinwohl nicht interessiert, an dem sich jede Wirtschaft, die den Namen verdient, orientieren muss. Das ist nicht Gegenstand seiner wissenschaftlichen Arbeit, sagt er, und es interessiere ihn auch nicht, weil niemand sagen könne, was denn das eigentlich sein soll, das Gemeinwohl.

Es gibt aber auch eine junge, zukunftsorientierte Wirtschaftswissenschaft, die nicht an dem klebt, was ist, sondern danach fragt, wo wir eigentlich hinwollen und wie wir dorthin gelangen können. An die musst du dich halten, wenn du wissen willst, wie technische Innovation für weniger Arbeitsdruck und mehr Wohlstand genutzt werden kann. Das ist ein neuer Mainstream, der sich jetzt formiert, und der sehr gut weiß, was das Gemeinwohl ist: ein Bündel von Interessen, die allen Menschen gemeinsam sind, und die sich dem schrankenlosen Eigennutz des Einzelnen entgegensetzen, weil sie auf die respektvolle Nutzung der natürlichen Ressourcen der Erde und ihre geschwisterliche Teilung zielen. Eine Wirtschaft, die am Gemeinwohl orientiert ist, benötigt erheblich weniger Arbeit, als sie die Unterwerfung unter die schrankenlosen Begehrlichkeiten fordert, deren Befriedigung heute noch als Aufgabe der Wirtschaft gilt. Ich denke, wer nicht weiß, was das Gemeinwohl ist, und wem nichts einfällt zur Frage eines Wirtschaftsmodells, das soziale und ökologische Rücksichten mit einer praktikablen Produktionsweise und einem vernünftigen Verteilungsschlüssel vereint, der muss nicht unbedingt an unseren Universitäten politische Ökonomie lehren. Vielleicht kann ja ein guter Veterinärmediziner aus ihm werden.

Im Zug seines Vortrags hatte das von der Krankheit gezeichnete, müde Gesicht meines Freundes Franz Mallinger zunehmend an Lebhaftigkeit und Farbe gewonnen. Auf seinen Wangen zeigte sich eine deutliche Rötung, die wenigstens zu einem Teil bestimmt auch dem reichlich genossenen Whisky geschuldet war, den er jetzt, Flasche und Glas, wieder zur Hand nahm. Der Doktor erhebt sich an dieser Stelle der Aufzeichnung aus seinem Fauteuil, und begibt sich mit ruhigem, festem Schritt aus dem Sichtbereich der Kamera. Für kurze Zeit verschwindet er aus dem Bild, auf dem er erst am Ziel seines kurzen Weges, im geräumigen Badezimmer seiner Wohnung, wieder sichtbar wird. Nachdem er sich vorsichtig in die Wanne hat gleiten lassen, sind von seiner schmal gewordenen Gestalt zuletzt nur noch Schultern, Hals und Gesicht zu sehen, umflort von dem Dampf des heißen Badewassers, aus dessen sanftem Wogen der Doktor mit großer Ruhe und mit ansteckender Heiterkeit noch einmal das Wort an mich richtete.

So, mein Lieber, das war's, was ich dir zu deinen Fragen so ungefähr zu sagen hatte. Famous last words. Ob dir das hilft, weiß ich nicht, und dich wundert es vielleicht, dass ich in der letzten kleinen Stunde von meinem bisschen Leben nichts Besseres zu tun gehabt habe, als dir ein kleines Privatissimum zu halten. Aber, ob du das glaubst oder nicht, es war so ziemlich genau das, was ich mir schon lange einmal von der Seele habe reden wollen, und ich habe das alles gerade so gut zu mir selbst gesagt, wie zu dir.
Et nunc – in perpetuum, frater, ave atque vale.

Epilog

In dem der Therapeut den Köder mitsamt der Angel verschluckt.

Niemand, der den Doktor Mallinger auch nur oberflächlich gekannt hat, würde von seinem Testament eine einfache Regelung seiner Verlassenschaft oder eine unkomplizierte Ordnung seiner Angelegenheiten erwartet haben. Aber die dreiundvierzig eng beschriebenen Seiten seiner handschriftlichen Verfügungen und die Komplexität der von ihm getroffenen Anordnungen gingen dann doch deutlich über das hinaus, was selbst ich für möglich gehalten hätte. Der Doktor hatte mich, ich habe es bereits erwähnt, als seinen Testamentsvollstrecker eingesetzt und mich in seinem Letzten Willen mit einem Legat bedacht, das mich offenkundig in die Lage setzen sollte, seine Wünsche gemäß seinen Vorstellungen zu erfüllen. Zu diesem Zweck hatte er mir seine säuberlich inventarisierte Bibliothek vermacht, zusammen mit einer kommentierten Leseliste. Er habe mir eine kleine Auswahl von Büchern zusammengestellt – »In meinem Wohnzimmer findest Du einen Handapparat zu Deinen Fragen« – die mich darüber aufklären würden, warum eine deutliche Verkürzung der Arbeitszeit nicht nur möglich, sondern sogar dringend erforderlich wäre, aus welchen Gründen sie unter den gerade herrschenden Bedingungen dennoch weder erfolgen würde noch überhaupt erfolgen könne, und was zu tun sei, damit das Notwendige nicht nur erkannt werden, sondern endlich auch geschehen könne.

Der Happen war appetitlich zubereitet und heute sehe ich, dass ich den Köder mitsamt der Angel verschluckt habe. Jeden Gedanken an eine mögliche Entlastung der arbeitenden Menschen könne ich unter den seit nunmehr einem halben Jahrhundert herrschenden Bedingungen vollkommen vergessen, erfuhr ich aus dem Kommentar, den Mallinger der für mich vorbereiteten Leseliste beigefügt hatte. Damit ich das verstehen könne, sollte ich am besten mit der »Vita activa« der wundervollen Hannah Arendt anfangen. Das Buch mit dem vielversprechenden Untertitel »Vom tätigen Leben« würde mir ein Licht über die Abkehr von allen humanistischen Ideen und Werten aufstecken, wie sie eine Arbeitsgesellschaft notwendigerweise mit sich bringe.

Danach könne ich mich ja einmal ein wenig im »guten alten Adam Smith umtun«, wenn ich wissen wolle, was es mit dem kleinen Bonmot von den unsichtbaren Händen des Marktes auf sich habe, die in ihrer sagenhaften Güte und Milde angeblich alles zum Besten wenden würden, wenn man sie nur ungestört walten ließe. Smith habe eine solche Dummheit natürlich nie von sich gegeben, aber die Hohepriester der Marktreligion hätten seine beiläufige und bildhafte Bemerkung über die Funktionsweise eines Gemüsemarkts auf dem flachen Lande zum grundlegenden Dogma ihres Glaubens erhoben, als handle es sich dabei um eine Erkenntnis der Wissenschaft über die hoch komplexen Abläufe und Wirkungen der Interaktion sehr unterschiedlicher Nationalökonomien im 21. Jahrhundert. Ich könne diese Lektion aber auch überspringen und mich gleich dem großen Karl Polanyi zuwenden. Der sei ein Jahrhundertdenker gewesen und habe in seinem legendären Buch gezeigt, wohin es führt, wenn man das Schicksal der Menschen tatsächlich einem unregulierten Markt und seinen unsichtbaren Händen überantwortet. Der Markt, wenn man ihn denn wirklich frei schalten und walten lasse, verwandle nämlich schließlich alles in Ware, auch und vor allem drei Dinge, die ihrem Wesen nach keine Waren sind, und die nie und nimmer zur Ware hätten gemacht werden dürfen: Grund und Boden, Geld und eben die Arbeit – und mit ihr letztendlich den Menschen selbst. Polanyi habe gezeigt, was unausweichlich geschehen müsse, wenn der Mensch zum frei handelbaren Produktionsfaktor Arbeitskraft werde. Der Schneeball, der da ins Rollen gebracht würde, werde schnell zur Lawine, die mit einer nicht anders als mechanisch zu nennenden Notwendigkeit alle Kultur und Zivilisation zerstöre und mit diesen die menschlichen Gemeinschaften, die in ihnen wurzeln. Dass und warum das so sei, könne ich in Polanyis epochalem Werk »The Great Transformation« nachlesen. Dabei solle ich im Auge behalten, dass der Autor nicht zu der Schar der universitären Sterngucker gehöre, die angeblich auf der Grundlage von gesichertem Datenmaterial, tatsächlich aber nur auf der Basis ihrer mystischen Phantasmagorien über das Wesen des Menschen ihre regelmäßig vollkommen verfehlten Prognosen über Zukünftiges zusammenfabulierten. Polanyi sei im Gegensatz zu diesen akademisch gesalbten Horoskopredakteuren ein mit stupendem Faktenwissen ausgestatteter Historiker und Anthropologe gewesen, der den geschichtlichen Prozess der Verwandlung von Arbeit in Handelsware beschrieben und gezeigt habe, wie diese Verirrung schließlich in der Katastrophe der beiden Weltkriege des 20. Jahrhunderts hat enden müssen. Nach dem vollkommenen Zusammenbruch habe es dann eine kurze Phase der Vernunft gegeben, die aber kaum vier Jahrzehnte gedauert habe. In dieser Phase habe man sich auf die sozialen Anlagen des Menschen besonnen und mit dem Sozialstaat jene Bedingungen geschaffen, unter denen diese besseren Begabungen der Gattung auch zu Blüte und Frucht kommen konnten. In dieser glückhaften Periode sei auch die Verkürzung der Arbeitszeit von sage und schreibe neunundvierzig Stunden pro Woche auf die heute noch immer gängigen vierzig Stunden gelungen. Auch damals sei natürlich behauptet worden, dass eine solche Entlastung der Menschen vollkommen unmöglich sei, und dass sie unweigerlich zu Verarmung, zum Zusammenbruch des Sozialsystems, zur Unfinanzierbarkeit der Pensionszahlungen, zum Ruin des Wirtschaftsstandorts und zum Ausgehen der Lichter führen werde. Dass das genaue Gegenteil eingetreten ist, sei ja hinlänglich bekannt. Die Vorwände für diese Angstmacherei seien übrigens wortgleich dieselben gewesen, die heute wieder von Herrn Marter und Konsorten aus dem Fundus des von ihren Vorläufern betriebenen Gruseltheaters ausgegraben würden. Wenn mir so etwas Spaß mache, könne ich das in den Zeitungen aus den späten 60ern und den frühen 70ern des vergangenen Jahrhunderts nachlesen. Damit wäre ich dann vollkommen am Stand der brandaktuellen Warnungen vor jeder Verkürzung der Arbeitszeit, mit denen die Wiedergänger der damaligen Funktionäre auch jetzt wieder das Publikum in ihren Bann schlügen. Besser wäre es aber, wenn ich mir derlei Besuche im historischen Kuriositätenkabinett sparen und mich stattdessen der Frage zuwenden wollte, was ganz konkret geschehen müsse, um zur Entspannung des vollkommen überdrehten Völkchens beizutragen, das heute vom globalisierten Norden aus den ganzen Planeten mit seiner Arbeitswut terrorisiere und zugrunde richte. Ein reich mit wissenschaftlichem Material fundiertes Kompendium der dafür erforderlichen Veränderungen habe der Ökonom Uwe Schneidewind zusammen mit einem großen Team von Wissenschaftern am legendären Wuppertal Institut für Klima, Umwelt, Energie erstellt. Eine »Einführung in die Kunst gesellschaftlichen Wandels« habe der das feine Verzeichnis jener verqueren Lebensgewohnheiten genannt, von denen wir uns abwenden müssten, wenn wir in Zukunft weniger anstatt immer mehr arbeiten wollten. Der Titel des Buchs »Die Große Transformation« sei derselbe wie der von Polanyis Werk, aber anders als dieser würden hier keine alten Irrwege beleuchtet, sondern Pfade aus dem Desaster gewiesen. Nichts davon sei neu, und es handle sich im Grunde nur einfach um eine Zusammenschau der notwendigen Befreiungsschritte, die getan werden müssten, bevor an eine Entlastung von Mensch und Planet auch nur gedacht werden könne. Die seien nun freilich alle längst bekannt, und obwohl das so sei, werde doch nichts von dem geschehen, was so sehr not täte. Verhindert würde das von eben jener letalen Wirtschaftsweise, die an unseren vollkommen verknöcherten und rückständigen Universitäten den jungen Leuten noch immer als die einzig denkbare eingetrichtert würde. Die dort verkündete Glaubenslehre erlaube nämlich kein Innehalten, keinen schonenden Umgang mit Ressourcen und am allerwenigsten einen sparsamen Einsatz von Arbeitskraft. Das habe Matthias Binswanger demonstriert, der nicht nur einer der renommiertesten Ökonomen Europas sei, sondern auch keineswegs im Verdacht einer grundsätzlichen Feindseligkeit gegen das kapitalistische Wirtschaftssystem stehe. Gerade diesem sei im Jahr 2019 der Beweis gelungen, dass Wachstum für das aktuell weltbeherrschende Wirtschaftsmodell nicht nur eine Option ist, welche zusätzliche Produktion erlaubt, aber auch eine Entscheidung gegen sie zulässt, wenn sie sinnlos und schädlich geworden ist. Binswanger habe nachgewiesen, dass wir genau diese Freiheit verloren haben, weil das Konstrukt, das wir für unsere Wirtschaft halten, in kurzer Frist und mit den entsetzlichsten Folgen kollabieren würde, wenn es nicht ständig mehr und immer noch mehr produzieren könne. Er habe darüber hinaus auch gezeigt, dass längst nicht mehr wir das von uns geschaffene System beherrschen, sondern dieses uns, und dass es uns jenes ruinöse Verhalten aufzwingt, dessen Folgen sich jetzt überall und Tag für Tag mit zunehmender Eindringlichkeit zeigen. Von eben diesem Zwang müsse sich die Wirtschaft, und müssen sich die Menschen befreien, wenn sie der Tretmühle nie endender Arbeitserfordernisse jemals entkommen wollen.

Die einigermaßen weitschweifige Erläuterung seines Vermächtnisses, mit dem mir mein Freund Franz Mallinger seine Bibliothek hinterlassen hatte, habe ich hier auf das Wesentliche verknappt wiedergegeben. Neben klar auf die Themen von Arbeit, Arbeitszeit und Wirtschaftsordnung bezogenen Werken fanden sich in der Sammlung, die er für mich zusammengestellt hatte, auch eine Reihe allgemein philosophischer Schriften, Manifeste und Aufrufe, Bücher, in denen Fragen der Musik und des Hörens verhandelt wurden, zwei eigenwillige Bände, die Themen aus dem Bereich der Pilzkunde abzuhandeln schienen und auch so Bekanntes wie »Die Kunst des Liebens« von Erich Fromm. So wie Mallingers Bibliothek überhaupt, gab auch die mit deutlich erkennbarer Sorgfalt für mich getroffene Auswahl beredtes Zeugnis vom wild mäandernden Denken des Doktors. Nicht wenige der Titel schienen auf den ersten Blick keinen erkennbaren Bezug zu meinen Fragen über das Arbeitsleben zu haben. Der erschloss sich mir indessen schnell genug bei fortschreitender Lektüre und bald verstand ich, dass die scheinbar disparate, wenn nicht gar wirre Leseordnung, die der Doktor mir vorgegeben hatte, sehr zielbewusst darauf ausgerichtet war, mich für sein eigentliches Anliegen zu präparieren. Bevor Mallinger endlich auf der achtzehnten Seite seines Testaments zu dem groß angelegten Plan kam, den ich als sein Testamentsvollstrecker ins Werk setzen und zu dessen Durchführung seine Verlassenschaft dienen sollte, richtete er noch einmal eine eindringliche Mahnung an mich. Ich müsse mich von meiner Fixierung auf Arbeit, Arbeitslast, Arbeitszeit und diesem ganzen Kram lösen.

Meine fast schon obsessiv zu nennende Beschäftigung mit dieser untergeordneten Sonderfrage bedeute nichts anderes, als das Pferd vom Schwanz her aufzuzäumen. Das sei zu nichts nütze, weil der Herr Marter und seine Gesinnungsfreunde nämlich vollkommen recht hätten. Jede Verkürzung der Arbeitszeit sei gegenwärtig tatsächlich unmöglich und brandgefährlich, weil sie unter den Gegebenheiten der nun einmal weltbeherrschenden finanzkapitalistischen Wirtschaftsordnung zu Verwerfungen und Katastrophen führen würde, von deren Ausmaß und Gewalt wir uns kaum zu schlimme Vorstellungen machen könnten. Unsere vollkommen irregeleitete Haltung zur Arbeit sei nichts weiter als ein Symptom, gerade so wie übrigens auch unser halsbrecherischer Umgang mit allen anderen Ressourcen des Planeten, die Abholzung des Regenwaldes, die Erderwärmung, das Artensterben, das Abschmelzen der Polkappen, das Brennen der Wälder, das zunehmende Unvermögen zu lesen oder gar zu hören, das Verschwinden des Sozialen und das Verkümmern der Fähigkeit zu lieben. Für alle diese traurigen Phänomene gebe es eine ganze Reihe von Ursachen, aber eine, nämlich die wichtigste und zerstörerischste unter ihnen, hätten sie alle gemeinsame in dem, was seine Fachkollegen voller Stolz den von ihnen herbeigeführten ökonomischen Imperialismus nennen würden. Das mit diesem Ausdruck bezeichnete Eindringen einer pseudowirtschaftlichen Denkweise in alle Lebensbereiche und der Vorrang, den sie gegenüber jeder sozialen, ökologischen oder menschlichen Rücksicht verlange, sei schon für sich genommen schlimm genug. Das Schlimmste aber sei, dass diese eben nur vorgeblich wirtschaftliche Ideologie obendrein auch noch durch und durch unwirtschaftlich sei, weil sie für den enormen Schaden, den sie an allen Orten anrichte, nicht annähernd ausreichende Kompensation biete. Seine, Mallingers, Hinterlassenschaft solle deshalb der grundlegenden Reform dieses vom globalisierten Norden getragenen weltbeherrschenden Wirtschaftssystems dienen und wenn diese gelinge, dann werde als Kollateralnutzen dieser überfälligen Wende auch die manische Arbeitswut verschwinden, welche die Menschheit in Atem halte und dem Planeten den Atem raube.

Für die Durchsetzung der dringend notwendigen Erneuerung unserer gänzlich verfehlten Art zu wirtschaften und zu arbeiten werde das kleine Vermögen, das er hinterlasse, zwar nicht genügen, aber dazu, die Sache in Gang zu bringen, reiche es allemal. Es sei auch klar, wie das zu beginnen sei. Dafür gäbe es ein Vorbild aus der jüngeren Geschichte, nämlich die erfolgreiche Strategie der im Jahr 1947 gegründeten Mont-Pelerin-Society. Die meisten der ursprünglich nicht einmal vierzig Mitglieder dieser Vereinigung seien Ökonomen gewesen, und das klar definierte Ziel ihres Zusammenschlusses war die Zerstörung des Sozialstaates, dessen Wirken durch die Herrschaft eines unregulierten Marktes ersetzt werden sollte. Vierzig Jahre nach ihrer Gründung habe diese Gesellschaft alle ihre Ziele weitestgehend erreicht gehabt, und so verfehlt diese ohne jeden Zweifel seien, so nachahmenswert sei die Vorgangsweise, mit der es einem so kleinen Personenkreis gelungen sei, einen vollkommenen Paradigmenwechsel in der Wirtschaftspolitik so gut wie aller europäischer Staatskanzleien durchzusetzen. Die nach dem Ende des Weltkriegs angebrochene Phase der Vernunft, des sozialen Miteinanders, der gemeinwohlorientierten Regulierung der Märkte, der Reduktion der Arbeitslast und der gerechten, gewerkschaftlich organisierten Beteiligung der arbeitenden Menschen an den Entscheidungen und den Erfolgen ihrer Unternehmen habe in den Achtzigerjahren nämlich nicht zufällig geendet. Ihre Ablöse durch die brutalen Maximen der neoliberalen Doktrin sei gezielt herbeigeführt worden von jener kleinen Gruppe, die sich damals in der Mont-Pelerin-Society zusammengefunden habe. Den bis heute bestehenden überragenden Einfluss dieser Vereinigung zu brechen, müsse jetzt mit ihren eigenen Mitteln unternommen werden. Dafür täte der Zusammenschluss der herausragenden zukunftsorientierten Ökonomen unserer Zeit not und meine Aufgabe als sein Testamentsvollstrecker sei es, diesen unter Verwendung der von ihm hinterlassenen Mittel herbeizuführen. Von der Nomenklatura unserer Wirtschaftsuniversitäten müsse ich mich da aber nach Kräften fernhalten. Dort regierten die Herren mit den gelben Schals und den grauen Schulbuchweisheiten aus der Vorväterzeit. Alles, was irgendeinen echten Fortschritt in den Wirtschaftswissenschaften versprechen könnte, werde von diesen bekämpft, behindert und nach Kräften diskreditiert. Den gesamten Text von Mallingers durchaus lesenswertem Testament werde ich gelegentlich gesondert veröffentlichen, aber die enragierte Abrechnung mit seinen Fachkollegen soll an dieser Stelle nicht fehlen:

Wenn meine verehrten Herren Kollegen an den Wirtschaftsuniversitäten vom Fortschritt sprechen, dann immer nur vom Fortschritt, der in allen anderen Wissenschaften gemacht werden soll, nie in ihrer eigenen. Physiker und Chemiker, Informatiker und Biologen, irgendwelche Ingenieure ganz gleich welcher Disziplin: Alle sollen sie irgendwelche Wunderdinge erfinden zur Reparatur jener Schäden, die im Namen jener schon seit geraumer Zeit unwirtschaftlich gewordenen Ökonomik angerichtet werden, die heute noch immer als die maßgebliche an unseren Universitäten gelehrt wird. Dass die angesprochenen Naturwissenschafter dieses Ansinnen von sich weisen, dass sie laufend die Respektierung der im Namen unserer Pseudoökonomie verletzten planetaren Grenzen einmahnen und die fabelhaften technischen Innovationen der Zukunft, die das Weiter-wie-bisher ermöglichen sollen, als allen Erkenntnissen der Wissenschaft widersprechende Ausgeburten einer blühenden Fantasie bezeichnen – das alles prallt an den dicken Mauern der hochmodernen Festungen ab, hinter denen die Herren Wirtschaftsprofessoren unbeirrt ihre längst falsifizierten Glaubenssätze verbreiten. Diese Ökonomen und die ihnen hörigen Politiker, die behaupten, dass die Schäden, die unsere Wirtschaftsweise anrichtet, durch künftige technische Innovationen behoben und egalisiert werden können, sind nichts anderes als Wechselbetrüger und das in doppelter Weise. Erstens, weil sie einen Wechsel ausstellen, den sie selbst weder bedienen können noch wollen, und zweitens, weil eben jene Wissenschafter, an die sie diese Pflicht ohne deren Einverständnis delegiert haben, vollkommen unmissverständlich erklären, dass sie zu seiner Einlösung ganz und gar außerstande sind, weil es die von unserer Steinzeitökonomik herbeidelirierte Art von technischem Fortschritt weder geben wird noch kann. An einen möglichen Fortschritt in ihrer eigenen Wissenschaft denken die Vertreter dieser fossilierten Ökonomik aber nie. Den Entwurf und die Durchsetzung eines Wirtschaftsmodells, das eine bedarfsdeckende Produktion und sinnvolle Verteilung bei schonendem Umgang mit allen Ressourcen, also ganz besonders auch mit der menschlichen Arbeit, gewährleisten würde, halten sie nicht für ihre Aufgabe. Sie begnügen sich mit der lapidaren Feststellung, dass eine sie überzeugende Alternative zwischen den mörderischen Herrschaftssystemen von Kommunismus und Kapitalismus noch nicht gefunden worden sei, und dass sie sich bei der deshalb notwendigen Wahl zwischen Pest und Cholera eben für die Cholera entschieden hätten. Auf die Idee, dass sich eine Gesellschaft nicht nur zwischen zwei Krankheiten, sondern vielleicht auch für die Gesundheit entscheiden könnte, kommen sie gar nicht.

Das sei aber kein Grund zum Verzweifeln, weil es jene Modelle für ein zukunftsorientiertes Wirtschaften, die zu entwickeln und zu propagieren die eigentliche Aufgabe der trägen Lehrstuhlinhaber wäre, längst gäbe. Entstanden seien sie im außeruniversitären Bereich oder an kleinen, unterdotierten Instituten, mit denen die neoklassischen Mainstreamökonomen an den von ihnen dominierten Universitäten die Tristesse des wissenschaftlichen Bankrotts ihrer Glaubenslehre zu behübschen pflegten. Dieser angebliche Mainstream sei in Wahrheit übrigens schon längst kein Mainstream mehr, die Musik spiele schon seit langer Zeit anderswo. Einrichtungen und Initiativen wie das Institute for New Economic Thinking, die Economists for Future, das Netzwerk Plurale Ökonomik und Rethinking Economics seien nur einige beispielhaft genannte Institutionen, in denen ich meine Partner suchen müsse. Auch Konzepte und stringente Modelle für eine lebensfreundliche Neuordnung unseres Wirtschaftslebens und der gesamten Arbeitswelt lägen bereit. Amartya Sen, Joseph E. Stiglitz, Herman Daly, Silke Helfrich, Mariana Mazzucato, Kate Raworth, Thomas Piketty – das seien nur einige der prominentesten Namen von Wissenschaftern, auf deren Arbeiten sich eine neue Ökonomik werde stützen können. Gerade die Vielfalt der vorliegenden Entwürfe, die indessen alle ein- und dieselbe Stoßrichtung hätten, mache es aber leicht, die zukunftsweisenden Konzepte als ein buntes Bündel unausgegorener alternativer Fantasien zu denunzieren. Da nütze es wenig, dass eines dieser Modelle, die von dem österreichischen Autor Christian Felber zusammen mit einer Gruppe von Unternehmern und Industriellen entworfene Gemeinwohl-Ökonomie, vom zuständigen Ausschuss der Europäischen Kommission als

Richtlinie für die künftige Wirtschaftsgesetzgebung der Union und ihrer Mitgliedsstaaten empfohlen worden sei. Glücken werde der überfällige Paradigmenwechsel deshalb noch lange nicht. Gelingen werde das nur dann, wenn sich die führenden Vertreter einer zukunftsorientierten Wirtschaftsweise zusammenfinden und die gemeinsamen Grundsätze ihrer Erkenntnisse formulieren würden, als jene wissenschaftlich fundierte Basis von Maximen, hinter die es ein Zurück nicht mehr geben könne. Die Aufgabe, diesen Zusammenschluss herbeizuführen lege er nun vertrauensvoll in meine Hände. Dass ich die Sache angehen und zu einem guten Ende führen würde, daran hege er keinen Zweifel. Schließlich handle es sich ja um mein eigenes Anliegen, die Befreiung von krankmachender Arbeit, um das es hier letztendlich gehe. Et nunc – in perpetuum, frater, ave atque vale.

* * *

Als junger Arzt habe ich an einem großen Kongress in Japan teilgenommen. Ich war damals Mitglied des Organisationskomitees und deshalb von unseren Gastgebern in Kyoto eingeladen zu einem Dinner, das für uns zum Abschluss der erfolgreichen Tagung gegeben wurde. Gegen Ende des Abends wurde uns vom Präsidenten des einladenden Verbandes ein kleines Holzfass präsentiert. Es sei von den Meistern einer örtlichen Destillerie mit der Bestimmung versiegelt worden, dass es erst nach einhundert Jahren angeschlagen werden dürfe. Gerade in der vergangenen Woche seien diese hundert Jahre verstrichen gewesen und zu unserer Ehre werde das Fässchen jetzt geöffnet und der darin enthaltene Whisky kredenzt werden. Die Großzügigkeit unserer Gastgeber hat mich berührt, aber verzaubert und nie mehr losgelassen hat mich die Geste der Menschen, die vor einhundert Jahren etwas Wundervolles geschaffen hatten für eine Zukunft, von der sie gewusst haben, dass sie sie nicht erleben würden.

Vierzig Jahre hat das entschlossene Grüppchen vom Mont Pelerin gebraucht, um die Welt nach ihrem Willen der Herrschaft des Markts und seinen unerbittlichen Forderungen zu unterwerfen. Mensch und Natur aus diesem im Namen der Freiheit auferlegtem Zwang wieder zu befreien, mag wohl wenigstens ebenso lange dauern, wenn nicht länger. Ich bin heute siebzig Jahre alt. Dauben und Reifen für das Fass, das da gebaut werden will, liegen bereit. Trinken werde ich aber wohl nicht mehr daraus.

Ich denke, dass ich den Auftrag meines Freundes Franz Mallinger annehmen werde.

Appendix

Der Handapparat des Doktor Mallinger

Arendt, Hannah: *Vita activa oder Vom tätigen Leben,* Erweiterte
Neuausgabe, München 2020

Aristoteles, *Politik*, Hamburg 2012

Aßländer, Michael S.; **Wagner**, Bernd (Hrsg.): *Philosophie der
Arbeit*, Berlin 2017

Aulenbacher, Brigitte; **Marterbauer**, Markus; **Novy**, Andreas;
Thurnher, Armin (Hrsg.): *Karl Polanyi, Wiederentdeckung
eines Jahrhundertdenkers*, Wien 2019

Bacher, Johann; **Kannonier-Finster**, Waltraud; **Ziegler**, Meinrad
(Hrsg.): *Marie Jahoda: Arbeitslose bei der Arbeit & Aufsätze
und Essays,* Innsbruck, Wien, Bozen. (Erstmals veröffentlicht
London 1987).

Baier, Lothar: *Keine Zeit, 18 Versuche über die Beschleunigung,*
München 2000

Binswanger, Mathias: *Der Wachstumszwang,* Weinheim 2019

Binswanger, Mathias: *Globalisierung und Landwirtschaft. Mehr
Wohlstand durch weniger Freiheit,* Wien 2009

Blomert, Reinhard: *Adam Smiths Reise nach Frankreich,* Berlin
2012

Butschek, Felix: *Wirtschaftswachstum. Eine Bedrohung?,* Wien/
Köln / Weimar 2016

Beschorner, Thomas; **Brink**, Alexander; **Hollstein**, Bettina; **Hübe-
scher**, Marc C.; **Neuhäuser**, Christian (Hrsg.): *Ökonomie und
Gemeinwohl,* in: *zfwu, Zeitschrift für Wirtschafts- und Unter-
nehmensethik*, Jg. 20/3/2019, Dortmund 2019

Douma, Eva: *Sicheres Grundeinkommen für alle,* Berlin 2018

Eppel, Rainer; **Fink**, Martina; **Mahringer**, Helmut: *Die Wirkung
zentraler Interventionen des AMS im Prozess der Vermittlung*

von Arbeitslosen, online abrufbar unter: https://www.wifo.
ac.at/jart/prj3/wifo/resources/person_dokument/person
_dokument.jart?publikationsid=59029&mime_type=
application/pdf (25.01.2023) =(Website des Österreichischen
Instituts für Wirtschaftsforschung)

Felber, Christian: *Gemeinwohl-Ökonomie,* Berlin 2018

Fromm, Erich: *Die Kunst des Liebens,* Frankfurt am Main 1956

Göpel, Maja: *Unsere Welt neu denken. Eine Einladung,* Berlin 2020

Hartberger, Sven: *Existenzkrise des Kulturbetriebs,* in: Michael
Wimmer (Hrsg.), *Für eine neue Agenda der Kulturpolitik,*
Wien 2022, 268–276

Häni, Daniel; **Kovce**, Philip: *Was würdest du arbeiten, wenn für
dein Einkommen gesorgt wäre? Manifest zum Grundeinkom-
men,* Wals bei Salzburg 2017

Helfrich, Silke und Heinrich-Böll-Stiftung, Commons: *Für eine
neue Politik jenseits von Markt und Staat,* Bielefeld 2014

Hessel, Stéphane: Indignez vous!, Paris 2010

Hugo, Victor: Détruire la misère, Discours à l'Assemblée nationa-
le du 9 juillet 1849, online abrufbar unter: https://www2.
assemblee-nationale.fr/decouvrir-l-assemblee/histoire/
grands-discours-parlementaires/victor-hugo-9-juillet-1849

Jahoda, Marie: *Die Arbeitslosen von Marienthal. Ein soziographi-
scher Versuch über die Wirkungen langandauernder Arbeits-
losigkeit,* Frankfurt am Main 2020 (erstmals erschienen Leip-
zig 1933).

Jahoda, Marie: *Arbeitslose bei der Arbeit,* Innsbruck-Wien-Bozen
2019

Jahoda, Marie: *Wie viel Arbeit braucht der Mensch?,* Weinheim
und Basel 1983

Kegel, Bernhard: *Wenzels Pilz,* Zürich 1997

Kovce, Philip; **Priddat**, Birger B. (Hrsg.): *Bedingungsloses Grundeinkommen,* Berlin 2019

Lafargue, Paul: *Das Recht auf Faulheit,* Stuttgart 2018 (erstmals erschienen 1880)

Lowenhaupt Tsing, Anna: *Der Pilz am Ende der Welt,* Berlin 2019

Marquard, Odo: *Abschied vom Prinzipiellen,* Stuttgart 1984

Marquard, Odo: *Philosophie des Stattdessen,* Stuttgart 2009

Marquard, Odo: *Der Einzelne. Vorlesungen zur Existenzphilosophie,* Stuttgart 2013

Mazzucato, Mariana: *The Value of Everything: Making and Taking in the Global Economy,* London 2018

Mazzucato, Mariana: *Mission Economy. A Moonshot Guide to Changing Capitalism,* London 2021

Piketty, Thomas: *Das Kapital im 21. Jahrhundert,* München 2014

Piketty, Thomas: *Kapital und Ideologie,* München 2020

Polanyi, Karl: *The Great Transformation, Politische und ökonomische Ursprünge von Gesellschaften und Wirtschaftssystemen,* [zuerst 1944], Wien 1977

Prainsack, Barbara: *Vom Wert des Menschen. Warum wir ein bedingungsloses Grundeinkommen brauchen,* Wien 2020

Rawls, John: *Gerechtigkeit als Fairneß. Ein Neuentwurf,* Frankfurt am Main 2003

Raworth, Kate: *Die Donut-Ökonomie,* München 2018

Ritter, Joachim: *Metaphysik und Politik,* Berlin, 2003

Schneider, Michael: *Streit um Arbeitszeit. Geschichte des Kampfes um Arbeitszeitverkürzung in Deutschland,* Köln 1984

Schneidewind, Uwe: *Die Große Transformation. Eine Einführung in die Kunst gesellschaftlichen Wandels,* Frankfurt am Main 2018

Schulmeister, Stephan: *Der Weg zur Prosperität,* Wien 2018

Schürz, Martin: *Überreichtum,* Frankfurt 2019

Shiva, Vandana: *Stolen Harvest: The Hijacking of the Global Food Supply,* Boston 2000

Smith, Adam: *An Inquiry Into the Nature and Causes of the Wealth of Nations,* University of Chicago Press, Chicago 1976 (erstmals erschienen 1789)

Sommer, Bernd; **Welzer**, Harald: *Transformationsdesign, Wege in eine zukunftsfähige Moderne*, München 2017

Stippinger, Christa (Hrsg.): *Arbeit ist Arbeit*, Wien 2001

Thieme, Sebastian: *Der Ökonom als Menschenfeind? Über die misanthropischen Grundmuster der Ökonomik*, Opladen / Berlin / Toronto 2013

Zender, Hans: *Denken hören, Hören denken*, Freiburg / München 2016

Zender, Hans: *Waches Hören*, München 2014